管理就是管人心

企业所有的问题都是人的问题

邬华山 ◎ 著

中国商业出版社

图书在版编目（CIP）数据

管理就是管人心：企业所有的问题都是人的问题 / 邬华山著. -- 北京：中国商业出版社，2024.6
ISBN 978-7-5208-2907-6

Ⅰ.①管… Ⅱ.①邬… Ⅲ.①企业管理 Ⅳ.①F272

中国国家版本馆CIP数据核字(2024)第095268号

责任编辑：郑　静
策划编辑：刘万庆

中国商业出版社出版发行
（www.zgsycb.com　100053　北京广安门内报国寺1号）
总编室：010-63180647　编辑室：010-83118925
发行部：010-83120835/8286
新华书店经销
香河县宏润印刷有限公司印刷

*

710毫米×1000毫米　16开　14印张　170千字
2024年6月第1版　2024年6月第1次印刷
定价：68.00元

****

（如有印装质量问题可更换）

前言

逆人心管人，顺人心理人

为什么我要把这本书起名叫《管理就是管人心：企业所有的问题都是人的问题》呢？

因为在浩瀚的历史长河中，管理之法千变万化，却始终不离其宗——逆人心管人，顺人心理人，这是管理的艺术，也是管理的智慧。

我想说的是，逆人心管人，并非与人为敌，而是立规矩、设规范，使员工有所为、有所不为。孟子曾言："不以规矩，不能成方圆。"逆人心管人的智慧，在于运用制度、纪律等手段，约束员工的行为，确保公司的稳定和秩序。就像一棵参天大树，必须依靠坚韧的树干和枝干，才能保持其挺拔的身姿。没有规矩的约束，人心的纷扰如同狂风骤雨，会使公司这棵大树根基动摇，甚至倒塌。

孟子亦言："得人心者得天下。"所以，仅仅依靠逆人心管人是不够的。在规矩之下，如何激发人们的积极性、创造力和向心力？这就需要顺人心理人。顺人心理人的艺术，在于顺应人性的需求和规律，以激励、引导和关怀的方式，提高员工的归属感和忠诚度，激发员工的内在动力。如同驾驶一艘大船，不仅要依靠坚固的船身抵御风浪，还需要掌握风向、水流等自然规律，才能顺利航行。

在中国传统文化中，儒家思想提倡"仁爱"，强调关爱和尊重他人；法家则主张"法治"，强调规矩和纪律的重要性。这两者看似矛盾，实则相辅相成。仁爱之心是基础，规矩之法是保障，只有将二者有机结合，才能实现更好的管理效果。

因此，在管理实践中，逆人心管人和顺人心理人并非孤立存在，而是相互渗透、相互补充的。管理者必须灵活运用两种手段，根据实际情况进行合理的调整。在规则与关爱之间寻找平衡点，使得管理既有力度又有温度。

逆人心管人与顺人心理人的平衡点应该如何确定呢？我们不能简单地认为平衡是平均，认为顺人心和逆人心各占百分之五十，而是要将二者有机结合，根据实际情况随时调整，且必须以"管人心"为唯一核心，才能实现更好的管理效果，提升公司的核心竞争力和发展潜力。

管理就是管人心，管人心的艺术在于平衡逆与顺的关系。逆人心管人是必要的规范和约束，目的是确保公司的稳定和秩序；顺人心理人则是积极地引导和激励，激发员工的创造力和潜能，确保公司的增长和发展，这种平衡并非易事，需要管理者具备高超的智慧和敏锐的洞察力。

之所以管理的核心必须是对人心的管理，因为人心是决定组织兴衰的关键。因此，管理者不应仅局限于规章制度和组织架构的建立，更应关注人心的需求、意愿和变化。唯有如此，管理者才能真正实现顺人心理人的目标。

在甲辰龙年之初，我基于自己近20年的企业管理实践及服务了2000多家全国各地优秀企业的丰富经验，写作了这本《管理就是管人心：企业所有的问题都是人的问题》。本书旨在探讨如何在管理过程中既能够逆人心管人，又能够顺人心理人。在本书中，我将从不同角度分析管人心的策略和技巧，帮助您掌握管人理人的管理智慧。

如何吸引并留住优秀的人才,如何塑造强大且目标一致的执行团队,如何建立具有强联通效应的沟通模式,如何激励人才发挥主观能动性,如何通过管理者能量搭建起与下属的心理契约,都成为公司能否存活下来、发展起来的关键。而这恰恰要求管理者要深入理解人心,通过理解员工潜在的需求与梦想,激发员工内在的动力和潜力,让员工积极主动地投入工作,为公司创造更大的价值。

在本书中,我给出了丰富的名企案例及其实践经验,深入剖析了逆与顺在管理人心中的运用,从管理组织的人心(文化基因、共启愿景、组织氛围、团队塑造)、管理团队的人心(发展人才、沟通艺术、激励赋能、授权成就)、管理自我的人心(前瞻思维、心理契约)3个层面10个维度("三招管人心、十维理人心")来探讨如何通过逆人心管人和顺人心理人,来提升企业的核心竞争力。同时,我还提供了一系列实用的工具和方法,帮助您在实际工作中更好地运用上述策略,从而实现更好的管理效果。

在阅读本书的过程中,我希望您能够结合自己的实际情况,灵活运用书中的方法和技巧。记住,管理人心的艺术没有固定的模式,关键在于不断学习和实践。

最后,愿本书成为您在管理道路上的一盏明灯,指引您走向更加美好的未来!

目 录

第一章 文化基因：通过以心为本汇聚人心

以爱为起点，汇聚人心红利 / 2

以"利他"为导向，站稳员工立场 / 5

以员工成长为核心，理解员工的需求重点 / 8

以利益共享为原则，实现行动力的最大统一 / 11

以提高员工的成就感为目标，带给员工生命的活力 / 15

以"家文化"为主脉底蕴，提升员工对企业的满意度和归属感 / 18

第二章 共启愿景：通过共同愿景联结人心

能量聚焦：愿景属于每一个人 / 22

大胆构想：自己先燃烧起来 / 25

共创共识：带领员工一起思考 / 28

内在驱动：找出人们为之奉献的理由 / 31

张力强化：要鼓舞人心，更要现实感 / 33

愿景链接：只有连接到个人的愿景才会带来力量 / 36

第三章 组织氛围：通过建立信任稳定人心

尊重是基础，公平是前提 / 40

与员工建立情感联结 / 43

形成相互信赖的关系 / 47

信任让情感账户长久有效 / 50

让愉悦的力量从精神延续到行为 / 53

为员工的心灵遮风挡雨 / 56

第四章 团队塑造：通过共识管理聚合人心

建立明确的目标 / 60

拥有共享机制的氛围 / 63

倡导学习和成长 / 65

增强自主意识 / 68

提升能力与信心 / 72

冲突管理，快速反应 / 75

第五章 发展人才：通过共同成长提振人心

发现人才期望的价值 / 80

不轻视每一位员工的潜能 / 82

助力人才实现更高级的内在需求 / 84

鼓励员工自主设定与实现目标 / 87

建设性地处理人员错配问题 / 90

帮助员工制订发展的行动计划 / 94

第六章 沟通艺术:通过思想桥梁凝聚人心

沟通视窗,缩盲挖潜 / 98

沟通反馈,上下联通 / 106

正面沟通,消除误解 / 110

负向沟通,化解失控 / 113

跨度沟通,突破局限 / 118

八向沟通,求同存异 / 121

第七章 激励赋能:通过点燃热情鼓舞人心

表彰卓越,认可员工的贡献与价值 / 128

人才盘点,给更有价值的人更多激励 / 132

物质保障,忠诚是双向的 / 135

业绩驱策,不断达成更高绩效 / 137

精神勉励,获得成就感是最大的激励 / 140

股权分享,点燃员工的"事业心" / 143

第八章 授权成就:通过权力共享获取人心

激发全员领导力 / 148

授人不疑,疑人不授 / 151

清楚划分权、责、利 / 154

保障员工的知情权 / 158

保证被授权者拥有资源 / 161

保护自由发挥的空间 / 163

第九章　前瞻思维：通过抢占未来征服人心

敏锐把握事物的发展规律 / 168

为企业带来新的发展机会 / 172

与追随者的梦想相关联 / 175

主动猎寻外部机会 / 179

增强工作预见性 / 182

强调进步与改善 / 186

第十章　心理契约：通过领导品性驾驭人心

以身作则：言行一致，为员工树立榜样 / 190

鼓励支持：给予支持，提供意见及资源 / 194

责任担当：从下属的错误中找到自己的责任 / 198

对上级的心要积极"赢取" / 201

对平级的心要善意"经营" / 204

对下级的心要求实"平等" / 208

第一章
文化基因：通过以心为本汇聚人心

"以心为本"的管理文化，强调关注员工的内心需求，激发团队的凝聚力。西方管理学大师彼得·德鲁克曾说过这样一句话："管理就是最大程度地激发他人的善意。"所以，管理不仅是制定规则和下达命令，还可以激发人的潜能和善意，能够促使团队成员心往一处想，劲往一处使。

以爱为起点，汇聚人心红利

在现代企业中，管理不只是单纯的经济行为，还包括情感与文化的交汇。企业的格局和高度必须高于员工个人，这样才能做到包容和接纳各种人才。

员工与企业之间不仅是雇佣与被雇佣的关系，还是团结一致合力共进的关系。虽然二者间存在截然不同的心态差距，但在实际中，员工抱以怎样的心态工作，并不由员工单方面决定，而是由企业如何对待员工共同来决定。即如果企业领导者将员工放在合作者的位置上，那么员工极有可能拿出合作者的姿态全力协助管理者超额完成工作任务；如果企业领导者只是将员工放在打工人的位置上，那么员工拿出的也一定是打工人的姿态，就是"当一天和尚撞一天钟"。

员工以打工人的姿态工作，就是单纯的经济行为，是不可能引发员工的主观能动性的。如果员工是以合作者的姿态工作，那么这种行为就包含着情感的交融与文化的交汇，因为它隐含着对人性的基本尊重，所以必然能起到激励人心、汇聚人心的目的。

员工到企业工作，管理者不必非要像家长爱护孩子一样地去关心、关注着员工，但也绝对不能借雇佣关系轻视员工，而是要以爱为起点；企业建立的制度与机制既不能以打压人性为目的，也不能以权力压制为导向，而是要遵循管理就是服务的理念，以激励员工成长为导向，支持和帮助员工成长。

但在现实中，很多管理者"官瘾"较大，在行使管理职权时经常忽视员工内心的真实感受，管理手段极其简单粗暴，对人对事都是"一刀切"，绝不允许有"忤逆"自己的事情发生。这样的管理者或许是忽视了员工的感受，或许是将员工当成了工具人，其所采取的管理模式毫无温度可言。

作为一名合格的管理者，其模式管理是必须有管理温度的，必须以爱为起点，在企业制度和机制面前，要让员工真切地感受到被关心和关爱。只有让员工在企业中得到应有的尊重和关爱，才会让他们发自内心地去认可企业，从而让他们愿意为企业付出汗水和智慧。

因此，有效的管理必须以爱为起点，绝不脱离人性去做管理，通过情感化的管理模式，不仅可以让企业在业界赢得良好口碑，更能汇聚人心红利。

情感化管理，就是管理者在企业管理过程中融入情感元素，以关心员工、理解员工、鼓励员工为手段，激发员工的积极性和创造力。

情感化管理的理论依据主要来源于人本主义心理学和组织行为学。人本主义心理学，主要强调人的情感和需求在组织行为中的重要性；组织行为学则关注如何通过有效的管理手段激发员工的积极性和创造力。情感化管理正是结合了两者的观点，以关爱员工为核心，营造一种积极向上、富有凝聚力的企业氛围。

作为管理者，必须明白的是，如今的员工到企业工作，其目的不再仅仅是生存，他们更加注重自我价值的实现和工作中的幸福感，而情感化管理正是满足这种需求的必要手段。情感化管理对员工的影响有3个方面，具体如下。

（1）提高员工的忠诚度。让员工感受到企业的关怀与温暖，从而产生强烈的归属感。当员工对企业有了深厚的感情，就更愿意为企业的发展而努力工作，愿意为企业付出工作热情和忠诚。

（2）激发员工的创造力。激发员工潜能，可以使员工在工作中发挥出更大的创造力。当员工感受到企业对自己的关爱和支持时，就更愿意主动思考、勇于创新，为企业的发展贡献智慧。

（3）增强团队的凝聚力。在充满爱的企业氛围中，员工之间更容易形成互相关心、互相支持的良好关系，从而提高整个团队的战斗力。

某公司一直以来都坚持以爱为起点的情感化管理方式。公司创始人认为，员工是企业最宝贵的财富，关心员工就是关心企业的未来。在具体实践中，该公司采取了多项情感化措施，比如：

◆ 关心员工健康——公司每年都为员工安排全面的健康体检，并为员工购买商业医疗保险。在新冠疫情期间，公司为员工采购了口罩、消毒液等防护用品，确保员工的健康和出入安全。

◆ 提供多样化的福利——公司为员工提供带薪年假、弹性工作制度、定期团队建设等福利。同时，公司还设立了健身房、图书馆等休闲设施，供员工在工作之余放松身心、学习成长。

◆ 重视员工培训与成长——公司设立完善的培训体系，鼓励员工参加各类内外部培训项目，提高自身技能和素质。同时，公司还为员工提供晋升机会和职业发展规划指导。

◆ 倡导家庭文化——公司鼓励员工将家庭和工作相结合，提倡家庭和谐与幸福。公司定期举办亲子活动、家庭日等活动，让员工与家人共同参与其中，感受家的温馨和乐趣。

通过以上措施的实施，该公司汇聚了人心，员工在公司找到了归属感，工作热情高涨，创造力得到了充分释放。同时，团队凝聚力也得到了显著提升，公司业务发展迅速，市场竞争力不断增强。可以说，该公司因此得到了非常强劲的人心红利的支撑。

爱是人类的原始情感，它源自生命的本能和自我的需求，同时也拥有着无穷的力量，能够联结人们的心灵。爱是包容、理解和支持，它让人们愿意为了共同的目标而奋斗。只要企业管理者爱员工，愿意用真诚和善良去对待员工，就会收获员工的信任和感激。这份信任和感激就是人心红利，它比任何物质财富都更加珍贵。所以，企业管理者要以爱为起点，从细微处温暖和关怀员工，以真挚的情感对待、打动员工的心，汇聚人心红利，创造出企业和员工更加美好的未来。

以"利他"为导向，站稳员工立场

在如今这个快速发展的时代背景下，企业能否获得成功，不仅仅取决于产品或服务的优劣，更在于企业如何对待员工。一个真正有远见的企业管理者，在追求经济效益的同时，会更加注重培养员工的归属感和忠诚度，因为这是管理人心、使众人行的重要实践。

以"利他"为导向，站稳员工立场，是一种企业文化和管理理念，它强调以关注他人利益为出发点，要求企业管理者在员工关系中保持坚定的立场。这一理念的核心是建立积极互动、支持和合作的工作环境，从而促进员工的整体幸福感和工作满意度。通过强调"利他"思想，企业能够创造一种有利于员工成长和发展的环境。

"利他"思想源远流长，强调在处理人际关系时，要将他人的利益放在首位，追求集体利益而非个人利益。稻盛和夫曾说："利己则生，利他则久，利他是一种高级的利己。"在企业管理中，以"利他"为导向，就意味着企业要关注员工的成长与发展，要为员工创造更好的工作环境和生活条件，增强员工的获得感和幸福感。以"利他"为导向的领导风格也十分强调团队的合作和互惠关系，通过鼓励员工相互支持和分享资源，使企业能够建立起更为紧密的团队联系。

这种关注他人的管理理念，有助于减少因内部竞争引发的矛盾和摩擦，形成良好的企业文化，增强团队的凝聚力，促进共同目标的达成。同时，员工在共同合作中不仅能够发挥个体优势，还能从团队中获得支持；既能提高员工个人的工作效率与质量，也能提高组织的整体绩效。

此外，以"利他"为导向的企业文化还注重社会责任和可持续发展。通过关注社会和环境的利他目标，组织能够在业界树立积极的形象，吸引更多具有社会责任感的员工。

企业要获得长久发展，就必须深入了解员工的所思所想，全力解决他们在工作和生活中面临的困难。站稳员工立场，就是要站在员工的角度思考问题，充分尊重员工的权益和需求。以员工为中心的管理理念认为，人是组织最重要的资产，因此应该重视员工的利益和福祉。包括提供公正的薪酬、良好的职业发展机会以及关注员工的工作和生活之间的平衡。通过站在员工的立场思考员工的问题，组织能够与员工建立起互信关系，增强员工的忠诚度和归属感，使员工更加积极地投入工作中，为企业创造更多价值。

某公司在经历了快速扩张后,面临员工流失率高的困境。经过深入调研,公司管理层发现员工普遍感到工作压力大、晋升机会少。为了解决这些问题,公司采取了一系列措施:优化工作流程、提供更多的培训和晋升机会、设立员工心理健康辅导专项等。这些举措极大地提高了员工的满意度和忠诚度,公司的业绩也因此得到稳步提升。

由此可见,以"利他"为导向,站稳员工立场的管理理念,不仅有助于建立团队合作和引发共鸣,也能够加强组织与员工之间的关系。通过注重员工的权益和社会责任,组织能够创造一个积极、健康、可持续的工作环境,能够为员工提供更多成长和发展的机会。具体的实施方法与策略如下。

(1)关注员工成长。企业应为员工提供系统的培训机会和制定职业发展规划,助力员工实现个人价值。

(2)优化薪酬福利待遇。建立合理的薪酬体系,健全福利制度,让员工分享企业发展的成果。

(3)强化企业文化建设。树立独特的企业文化价值观,并通过开展丰富的企业文化活动,增强员工的归属感和自豪感。

(4)建立长效沟通机制。定期组织召开员工座谈会、设置意见箱等,确保员工的意见和建议得到及时反馈。

(5)实施员工关怀计划。关注员工的身心健康及其家庭的生活状况,提供必要的支持和帮助,让员工感受到来自企业的关怀与温暖。

(6)构建激励与认可机制。对工作表现优秀的员工给予适当的奖励和表彰,激发员工的积极性和创造力。

(7)加强团队建设与协作。通过团队建设活动、交流会等形式,增进员工间的了解与信任,提高团队整体执行力。

在竞争激烈的市场环境中，企业要实现可持续发展，就必须重视员工的价值。以"利他"为导向、站在员工立场，是凝聚人心、推动企业不断向前发展的关键。通过实施上述策略和方法，企业不仅可以提高员工的满意度和忠诚度，还可以为企业的长远发展奠定坚实基础。在这个过程中，企业管理者需要不断地调整和完善相关措施，确保与企业的实际情况相契合，从而实现企业的长远发展目标。

总之，通过注重和履行员工的权益和社会责任，企业能够创造一个积极、健康、可持续的工作环境，为员工提供更多成长和发展的机会，也让企业能够更顺利地团结人心。

以员工成长为核心，理解员工的需求重点

在知识经济时代，员工是企业最宝贵的资源。如何激发员工的潜力，使他们为企业创造更多价值？这就需要企业管理者须以员工成长为核心，深入理解员工的需求重点，与员工建立紧密联系，真正形成管理者与被管理者之间的心连心。

员工的成长与企业的发展二者紧密相连，企业获得成功的关键在于建立强大的团队，而这很大程度上取决于员工的成长和满足其需求。员工个人能力的提升不仅能增强企业的整体实力，还能提高员工对企业的忠诚度。企业投资于员工的个人发展，使员工在技能、知识和经验方面得到提升，将为企业的长期稳定发展提供有力保障。因此，在进行管理的过程

中，管理者不仅要携爱管理，还要搞清楚员工内心的真实需求，确定员工的目标是只想赚钱糊口，还是谋求岗位发展，要因人而异地去辅助和培养，这才是管理者的价值所在。

事实上，管理者为员工成长负责的同时，也是在为自身负责，因为做管理就是通过管理团队中的下属成员来获得最终的结果。当然，这个过程不只是对员工有要求与做筛选，更是对管理者自身胸怀和格局的考验，管理者是否愿意退后一步，把舞台让给员工。

了解员工的需求是促进员工成长的前提。员工的需求多种多样，但大致可以归纳为以下几个方面。

（1）职业发展。员工期望在企业中有更多的晋升机会，能够实现个人职业价值的提升。

（2）技能提升。随着工作内容的多样化，员工希望能够得到更多的培训和学习机会。

（3）平衡工作与生活间的关系。员工期望工作与生活二者能够和谐共存，个人生活不被过度的工作压力所困扰。

（4）认同与尊重。员工渴望自己的努力和贡献能够得到领导的认可与同事的尊重。

（5）福利待遇。良好的福利待遇是员工稳定工作的基础保障。

某大型制造企业近来面临人才流失的困境。为了挽留人才，该企业邀请我对其全员进行了一次深入的员工满意度调查。调查结果显示，员工最关心的问题是职业发展机会和技能提升空间。基于此，我建议该公司对人力资源政策进行调整，具体采取了以下措施：

◆营造良好的工作环境——提供舒适的工作环境、现代化的办公设施，确保员工能够高效、舒适地工作。

◆提供培训与学习机会——设立员工培训基金，定期开展内部和外部培训，助力员工提升专业技能水平。

◆提供明确的晋升通道——为员工提供清晰的职业发展路径，让员工看到在公司内部自己有广阔的发展空间。

◆建立职业发展体系——为员工规划清晰的职业发展路径，让他们明确自己的发展方向和目标。

◆实施绩效管理——通过建立公正的绩效评价体系，对表现优秀的员工给予晋升或奖金激励，确保员工的付出与回报成正比。

◆激发创新精神——鼓励员工提出创新意见和建议，对于有价值的想法给予肯定和支持，激发和提高员工的创造力和参与度。

◆关注工作与生活二者间的平衡——鼓励员工合理安排工作和生活时间，帮助他们找到工作与生活之间的平衡点。

该企业经过执行这一系列的措施，使员工的满意度大幅提升，工作积极性明显增强，业绩也因此有了显著提升。

以员工成长为核心，全面理解员工的需求重点，从而创造一个有利于企业和员工共同发展的环境。结合上述案例的分析，我们总结出四个非常关键的策略，进行详细阐述，企业可根据自身实际情况进行增减或调整。

首先，企业需要认识到员工成长是保障组织繁荣的动力。通过为员工提供学习和发展的机会，企业不仅能培养出具备专业技能的高效团队，还能激发员工的创新潜力。持续的培训计划和职业发展路径将为员工提供清晰的方向，激发和提高他们的进取心和归属感。

其次，理解员工需求的关键，在于建立开放且高效的沟通机制。定期的员工反馈会议、问卷调查以及开放的沟通渠道，都是确保管理层深入了解员工需求的关键工具。通过倾听员工的声音，企业可以更好地调整政策和实践，满足员工的个性化需求，从而提高员工的满意度和忠诚度。

再次，在满足员工需求的同时，企业还须注重创造一种鼓励学习和创新的文化。鼓励员工提出新想法、参与项目并分享经验，促使员工更积极地投入工作。此外，利用激励制度和奖励机制也是激发员工成长动力的有效手段，可以推动员工不断超越自我，实现个人和团队的共同目标。

最后，企业以员工成长为核心，须建立健全反馈机制。企业开展定期的绩效评估和职业发展规划可以帮助员工了解自己的优劣势和发展领域，有利于为其提供个性化的职业发展建议。这种反馈机制不仅会增强员工对企业的忠诚度，还能够确保团队具备多样化的技能和经验，为企业的长远发展奠定坚实基础。

总而言之，在知识经济的时代背景下，企业的核心竞争力逐渐转向人才资源。因此，以员工成长为核心，理解员工的需求重点是企业实现发展目标的关键所在。通过提供学习机会、建立良好的沟通机制、创造鼓励创新的文化以及建立有效的反馈机制，既可以更好地促进员工的成长与发展，企业也将因此打造一支有活力、有凝聚力、有向心力的团队，为未来的挑战做好充分准备。

以利益共享为原则，实现行动力的最大统一

楚汉相争，刘邦与项羽僵持不下，唯有韩信能够迅速破局。韩信在此关键时刻，向刘邦提出要做"假齐王"的条件。刘邦虽然内心非常不悦，

但为了成就大业，不仅选择答应韩信的条件，还封赐了齐王——要当就当真的。

很多人都认为，刘邦最终能一统江山，最关键的一步棋就是对韩信的"妥协"，将有机会形成"三足鼎立"之势的韩信拉入了汉军阵营。但是，与其说是刘邦"妥协"，不如说是刘邦与韩信进行了利益共享，他不仅要将"蛋糕"做大，还要主动切分"蛋糕"，将自己与韩信的利益捆绑在一起。

成吉思汗以其出色的军事才能和战略眼光，征战亚欧大陆。他制定了一项规定：每次战斗胜利后，2/3 的战利品分配给将士和有功者，1/3 上缴国库，成吉思汗本人所得不超过总战利品的 1/10。这一奖励制度极大地激发了将士们的战斗热情，使他的军队战无不胜、攻无不克。尽管成吉思汗的文化程度不高，但他深刻理解与人利益共享的道理，因此他的将士们心甘情愿地为他卖命，这也是他取得成功的关键因素之一。

这种"想要马儿跑，就必须给马儿吃草"的逻辑在职场也同样适用，要想下面的人跟随你，要想打胜仗，就必须学会让利于他们。但在现实中，很多管理者总是寄希望于员工自己能够凭借责任心对待工作。因为管理者都明白，只有当员工百分之百投入时，才能实现团队和个人利益的最大化。员工明不明白这个道理呢？几乎每个人都明白。而"员工为什么选择躺平"让很多管理者不理解。其实，在管理界有这样一句话，叫"员工躺平，组织吃药"。也就是说，一家企业中，选择躺平的员工占多数，出现这种情况的根本原因并不在员工，而是在组织本身。

作为管理者必须反思：有没有激发员工工作热情的相关机制和保障？有没有想要激起员工的主观能动性？有没有激发和制定员工斗志的决心与决策？如果这三点都没做到，那就不要怪员工"躺平"了。因为毕竟想要获得这种利益的背后需要付出最大的努力，如果员工认为自己得到的收益配不上自己的付出，那么他们就会选择"躺平"。

正因如此，我们必须明白在管理中"以利益共享为原则"的重要性，只有利益趋同，才能令心归一处，目标、行动也才能实现最大化的统一。

晚清四大名臣、湘军的开创者曾国藩曾说："利之所在，当与人共分之；名之所在，当与人共享之。"利益共享是调动人们积极性的有效手段，也是实现集体和个人双赢的重要途径。在团队中，如果能够让每个成员都感到自己的利益与团队息息相关，就会激发他们的责任感和使命感，从而形成强大的凝聚力。

以利益共享为原则实现行动力上的最大统一，可以通过企业内部的绩效机制和激励方案来实现。以某公司为例，该公司制订了一个绩效奖励计划，旨在激发员工的合作精神和工作动力。

在该计划中，公司设立了一个总目标，即提高公司的整体业绩和市场份额。通过设定明确的绩效指标，如销售增长率、客户满意度和团队协作等，使员工被激励以团队为单位展开合作，以实现整体目标。这就体现了以利益共享为原则，通过统一的行动力来最大限度地实现整体绩效提升。同时，公司还设立了员工持股计划，让员工成为公司的股东，共同分享公司发展的成果。

通过实施这一绩效奖励计划，公司成功地将员工的个体利益与公司整体利益紧密相连，实现了行动力上的最大统一。在计划执行过程中，员工们自发地加班、主动解决问题，团队协作也变得更加顺畅。最终，该公司的业绩得到了显著提升，员工们的收入也大幅增加。

以利益共享为原则，实现行动力的最大统一，关键在于建立一种互利共赢的机制。这种机制能够确保将个人的利益与团队的利益紧密结合，让每个成员都感到自己的付出与回报是成正比的。具体方法如下：

（1）制订合理的利益共享方案。在制订利益共享方案时，需要考虑企业的实际情况和员工的具体诉求。通常包括3个方面：①明确利益共享的范围和标准，让员工清楚自己能够获得哪些利益。②确保利益共享方案的公平性和合理性，避免出现不公和矛盾。③根据企业业绩和员工表现制订动态的利益共享方案，确保其具有一定的激励作用和可操作性。

（2）搭建有效的沟通途径。在实施利益共享计划时，要与员工进行充分的沟通，让他们了解方案的背景、目的和具体内容。同时，要积极听取员工的意见和建议，对方案进行不断的优化和调整。

（3）强化团队意识和协作精神。注重培养员工的团队精神，让他们意识到个人的利益与团队的利益是紧密相连的。同时，要鼓励员工之间的合作与支持，形成互相帮助、共同发展的良好氛围。

（4）建立科学的绩效评价体系。明确评价标准和评价方法，确保评价结果的客观性和公正性。同时，要将绩效评价与利益共享方案紧密结合，让员工清楚地看到自己的付出与回报之间的关系。

（5）不断创新和完善利益共享机制。关注员工的需求变化和行业发展趋势，及时调整和优化利益共享方案。同时，要加强与行业内其他企业的交流与合作，借鉴先进的利益共享理念和方法，不断提升公司的利益共享水平。

通过以上五个方法，可以实现以利益共享为原则的行动力的最大统一。在执行的过程中，需要充分发挥企业的主导作用和员工的主体作用，比如，加强团队协作和支持力度；加强跨部门、跨领域的沟通与协作；加大培训和教育力度；加大监督和管理力度；加强风险控制和防范措施等。这些措施的贯彻落实将有助于促进企业整体实力的提升和发展目标的实现，更有助于企业实现与员工之间的心灵统一。

以提高员工的成就感为目标，带给员工生命的活力

组织行为学认为，员工的工作动力和成就感是提高和维持团队凝聚力与高效运作的重要因素。一个团队如果能够让每个成员都感受到自己的价值，体验到工作的成就感，那么整个团队的凝聚力和行动力将得到极大的提升。

淝水之战前，苻坚任命兖州刺史姚苌为龙骧将军，都督益州、梁州诸军事，并勉励姚苌说："昔日朕便是以此职位而成就霸业，因此龙骧一职从未轻易许人，今日授予你，希望你担此重任！"

龙骧将军是苻氏家族发家的起点，也是苻坚个人建立功业的起点，所以苻坚很珍惜这个封号。但是用这样有象征意义的封号勉励部下，总有些别样的味道。估计姚苌是领会了其中的深意，在淝水战败前秦政权瓦解后，迅速在三秦之地建立了后秦政权，由此也算是兑现了苻坚对自己的勉励之情。

可以说，正是因为有苻坚的成就感激励，才鼓励了姚苌背叛自己，最终开基立业。当然，这是笑谈了，但成就感可以带给下属积极的情感体验，从而激发下属的工作热情和创造力，却是不争的事实。

成就感是一种强大的动力，能够让员工感到工作的意义和价值，从而增强工作的动力和投入。当员工完成一项任务或达到一个目标，或是看到

自己的努力成果被认可时，就会感到自豪和满足，这种满足感不仅来自工作本身，更源于自身能力得到了认可。这种积极的情感体验可以转化为更强的内在驱动力，促使员工更加努力地工作，追求更高的目标。

成就感也是一种成长力，为员工提供了发展和成长的机会。通过挑战自己，超越自己的极限，员工不仅能够积累经验和提升技能，还能够在职业生涯中取得更大的成就。这种成就感的积累，不仅推动着员工不断进步，也使他们在职场中保持积极向上的态度。

成就感还是一种向心力，直接影响员工的工作满意度和幸福感。当员工在工作中取得成就时，会让他们觉得自己的工作变得更有意义，工作满足感由此得到提升，从而提高了整体的生活满意度。这种积极的满足性心态不仅影响工作，还将渗透到员工的日常生活中，为他们的生活注入了积极的活力。

成就感更是一种凝聚力，创造以成就感为目标的工作环境有助于构建积极的团队文化。团队成员共享彼此的成就和成功，团队凝聚力得到加强，员工之间的合作和协同工作更加顺畅。这种积极的团队文化不仅提升了工作效率，还增强了员工之间的认同感，也增加了员工的成就感。

总体而言，将提高员工的成就感作为企业经营目标，不仅能激发员工工作的激情和投入热情，还能促使员工不断成长和进步，更有助于构建强大的团队文化，提高员工的工作满意度和生活幸福感，为企业和员工共同创造更为积极、健康的工作生态。

一家创业公司为了激发员工的工作热情和创造力，采取了一系列措施来提高员工的成就感。首先，公司明确每个员工的职责和期望，并为他们布置了具有挑战性的任务。当员工完成工作任务并做出突出贡献时，公司会在全体员工面前对其进行表扬和奖励。其次，公司还鼓励员工参与决策和提出改进意见，使他感受到自己的声音被重视。最后，为了促进员工的个人成长和发展，公司定期组织培训和研讨会，并提供专业进修的机会。

通过这些措施的实施，员工的积极性和创造力得到了极大的提升，公司的业绩也得到了显著增长。结合上述理论和案例分析，可知成就感对汇聚人心的重要意义。那么，应该如何实现这一目标呢？需要采取一系列方法，具体如下。

（1）明确员工的价值与贡献。要提高员工的成就感，首先需要让员工明确认识到自己在团队中的价值与贡献。管理者应及时对员工的贡献予以肯定和表扬，让他们感受到自己的努力得到了认可。同时，还应为员工布置具有挑战性的任务，让他们在克服困难的过程中体验到成就感。

（2）提供成长与发展的机会。员工在工作中不仅追求物质的回报，更关注个人的成长与发展。因此，企业应该为员工提供学习和发展的机会，帮助他们提升技能和能力。例如，可以定期组织培训、研讨会等活动，鼓励员工参加学习专业进修课程，让他们的知识水平得到提升。

（3）营造积极向上的企业文化。积极向上的企业文化必须强调团队合作、创新和学习，鼓励员工勇于尝试和承担风险，能够激发员工的内在动力和创造力，从而提高整个团队的行动力，并通过不断积累正确的行动提升成就感。

（4）建立公正的奖惩机制。通过执行合理的奖励和惩罚措施，可以有效地激励员工努力工作、追求卓越。奖励内容和比例应根据员工的贡献和业绩情况进行分配，以体现公正和公平。同时，对于表现不佳的员工，也应进行适当的惩罚和督促改进。

在现代企业管理中，让员工感受到成就感，已成为激发他们工作热情、发挥创造力的关键。一家好的企业,不仅是提供工作机会,还应让员工在工作中找到意义和价值,感受到成长的快乐。员工的成就感不仅来自物质层面的回报,还要让他们能够从工作中得到尊重和认同,并体验到自己付出的价值。成就感带来的动力是内在的,远比外部的激励更持久。它能够激发员工产生自我驱动力,让他们在工作中发自内心地投入更多的热情和创造力。因此,企业领导者应当关注员工的成长和发展,鼓励他们挑战自我、发挥潜能,帮助他们实现个人价值,最终为企业创造更大的价值。

以"家文化"为主脉底蕴,提升员工对企业的满意度和归属感

在现代企业管理中,员工对企业的满意度和归属感已成为企业发展的关键因素。如何让员工对企业有家的感觉,如何更好地管理人心,是每一位管理者都需要深入思考的问题。

确实,"家文化"是一种以人为本的企业文化,其核心是关爱、包容和互助。在企业管理中,营造"家文化"的氛围,有助于增强员工的归属感。具体措施如下。

(1)关注员工的生活。企业可以定期组织员工开展各类文化活动、体育比赛等,加强和增进员工之间的交流和感情。同时,关注员工的生活,及时解决员工的困难和问题,使员工感受到企业的关怀和温暖。

（2）建立互助机制。企业可以建立互助机制，鼓励员工互相关心、互相帮助。例如，成立员工互助基金、开展"爱心接力"活动等，让员工在困难时刻及时得到帮助。

（3）倡导包容文化。在企业中，不同员工有着不同的性格、爱好和习惯。企业应倡导包容文化，尊重员工的个性差异，鼓励员工发挥自己的特长和才能。

要让员工对企业的感觉产生温度，除了营造"家文化"的氛围，还要让员工对企业产生自豪感和归属感。具体措施如下。

（1）关注社会公益。企业应积极参与社会公益活动，关注社会问题，为社会做出贡献。通过参与公益活动，企业可以树立良好的社会形象，同时增强员工的荣誉感。

（2）强调企业文化。企业应确立并强调自己的企业文化，使员工对企业有更深入的了解和认识。通过了解企业文化，员工可以更好地融入企业，感受到企业的前行力。

（3）维护企业声誉。企业应确保产品质量和服务质量，提高客户满意度。同时，企业应关注舆情监控，及时处理负面舆情，避免影响企业形象和损害企业声誉。

（4）传递正能量。企业应积极传递正能量，鼓励员工保持积极向上的心态。通过传递正能量，企业可以营造积极向上的工作氛围，使员工感受到企业的活力和温度。

以"家文化"为主脉底蕴，可以从氛围、激励和形象三个方面入手，让员工对企业的感觉产生温度。通过营造"家文化"的氛围和打造有温度的企业形象，可以使员工更好地融入企业，提高工作效率和质量，为企业的发展注入源源不断的动力。

如今，一些国际化企业已经形成了以"家文化"为主脉底蕴的管理趋势，打造出了温馨、和谐、互助、激励式的工作场景。

宝马公司（BMW）一直秉承着"家文化"的理念，致力于为员工创造一个温馨、和谐的工作环境。宝马公司认为，一个幸福的员工会更加专注于工作，能够为企业创造更大的价值。因此，宝马公司采取了一系列措施，如提供丰厚的福利、开展员工家庭活动等，让员工在公司里感受到家的温暖。

在宝马公司的一家工厂里，我们看到了一个典型的"家文化"的实践案例。这家工厂里设置了一间员工休息室，里面不仅有舒适的沙发、咖啡机等设施，还有各种娱乐设施，如桌球、电玩等。此外，工厂还为员工提供免费的午餐和晚餐，并且每周末都会组织开展员工家庭活动，如户外烧烤、运动会等。这些举措让员工感受到了家的温暖和关怀，从而更加积极地投入工作中。

除了宝马公司，还有许多国际企业也在推行"家文化"管理理念。例如，谷歌公司（Google）为了营造一个轻松、愉快的工作氛围，为员工提供了各种福利，如免费的三餐、健身房、按摩室等。这些福利让员工感受到了家的温暖和关怀，激发了员工的工作热情和创新精神。

通过对国际企业案例的分析，可以看到"家文化"管理理念对于企业的发展具有深远的影响。这种以人为本的管理模式会牢牢抓住员工的心，能够提高员工的忠诚度和工作积极性，增强企业的凝聚力和竞争力。因此，对于企业来说，推行"家文化"管理理念是一种必要的战略选择，企业只有让员工感受到家的温暖和关怀，才能真正吸引人才、留住人才，实现持续发展。

第二章
共启愿景：通过共同愿景联结人心

共启愿景是管理中的核心要务，通过共同愿景联结人心，激发团队动力。一个好的愿景能够凝聚团队成员，使大家心往一处想、劲往一处使，朝着共同的目标努力。

能量聚焦：愿景属于每一个人

在当今快速变化的世界中，管理人心成为管理者在进行管理工作中不可或缺的重要任务。愿景的构建不仅是一项战略性的工作，还是对人心的精妙管理。

企业愿景是一家企业所期望实现的未来状态，它是一家企业的奋斗目标和信念，能够激发员工的使命感和归属感。一个有效的企业愿景能够激发员工的积极性和创造力，推动企业不断向前发展。

但在现实中，很多管理者都认为愿景只是企业高层管理者或股东所独有的，因此将实现愿景的主体——中下层管理者和基层员工排除在愿景行列之外。于是，一种奇怪的现象出现了，企业高层管理者一面明示或暗示员工"愿景没有你们的事"，另一面却要求员工努力工作，力争帮助自己尽快一些实现愿景。这就应讖了网上的那句名言"我越是好好工作，老板越能快一些住上别墅"！想一想，怀着这种心思的员工如何会努力工作呢？员工又为什么要努力工作呢？毕竟努力工作的成果和人家没有一点点关系。

很明显，能让员工自发不努力工作的管理模式，就是失败的管理，也就谈不上通过愿景来联结人心了。而成功的管理者都懂得，愿景的实现不仅取决于业务计划的完善，更在于激发每一个人的潜能。每个人都有自己的愿景，这关乎自己的工作、生活和未来，因此要将员工的梦想也融入企业的整体愿景之中，让员工为自己工作，努力就成了现实。

说了这么多，还是要对愿景的定义与作用进行深入了解，才能真正明白为什么一定要融合个人愿景与企业愿景。

愿景是一个人对未来的期望和希望看到的情景，反映了人们内心的向往和追求。对于企业来说，员工的愿景对于企业能否获得成功至关重要。员工是企业的基石，若将员工的愿景和企业的愿景结合起来，就可以将这种愿景的合力转化为企业的动力，促进企业的发展和创新。

传统上，企业愿景是由高层管理者或股东制定的，员工只是执行者。但现代企业的成功越来越依赖于员工的参与和贡献。员工在企业的日常工作中积累了丰富的经验，他们了解市场需求、客户期望和企业内部运营的细节。因此，员工对于如何实现企业愿景有着宝贵的见解和想法。

为了更好地说明"愿景属于每一个人"的理念，下面介绍一个成功的案例，看看苹果公司如何通过鼓励员工参与制定企业愿景，从而实现企业的快速发展。

苹果公司（Apple）成立初期，虽然只有三个合伙人，他们却共同拥有一个简单的愿景：通过技术改变世界。随着公司的小有发展，员工数量增加到了十人。斯蒂夫·乔布斯意识到，要让每个员工都认同这个愿景，并为之努力工作，就必须让员工参与到企业愿景的制定中来。之所以产生这样的想法，是因为在此之前三位合伙人中的罗恩·韦恩在加盟公司仅 12 天就离职了，原因就是他不赞同公司的愿景，也不认为这家小小的公司能改变什么。

于是，公司开始组织各种内部讨论和分享会，让员工分享自己的想法和愿景。这些讨论会逐渐演变成正式的企业战略规划会议，除了乔布斯，其他核心成员如总工程师蒂夫沃·兹尼亚克、投资人迈克·马克库拉、CEO迈克尔·斯科特、设计师罗德·霍尔特、首位员工比尔·费尔南德兹、秘书雪莉·利文斯顿，成为企业战略规划团队的一部分。在这个过程中，公司不仅听取员工（初期是所有员工，逐渐演变为员工代表）的建议和意见，还让他们参与到决策中来。这种参与感和归属感极大地提高了员工的工作积极性，为公司的发展带来了新的思路和创意。虽然这些原始员工后来大部分都离开了苹果公司，但他们在苹果公司初期对公司愿景的认可，让他们能够心往一处想、劲往一处使，是苹果公司迅猛崛起的基础。

通过这种全员参与的方式，苹果公司的愿景逐渐明确和完善。它不再是一个高层管理者或股东的愿景，而是所有员工的共同愿景。这种共同愿景激发了员工的热情和创造力，使苹果公司在竞争激烈的市场中迅速崛起，成为行业的领军者。

通过对苹果公司的分析，可以看出一个良好的愿景能够激发员工的积极性和创造力，使他们更加投入地工作，为企业创造更大的价值。

当然，要使愿景真正在企业内生根发芽，管理者必须持之以恒地坚持。愿景的实现是一场漫长的征程，充满曲折和挑战。只有管理者在困境面前保持坚定，不断调整策略并鼓舞团队，才能引领团队穿越迷雾，实现愿景。

总之，愿景如同一幅绚烂的画卷，展现着未来的任何可能性，而其中的每一笔都渗透着团队成员的心血和梦想。

大胆构想：自己先燃烧起来

时代日新月异地变迁，要求领导者必须具备一种独特的能力：大胆构想。这是一种对未来深入洞察、勇敢预见和不断探索的能力。然而，这种构想并非空中楼阁，而是基于对现实的深刻理解、对未来的敏锐洞察以及对创新的执着追求。

具备大胆构想特质的领导者能够为企业指明方向，不仅提供目标，更能赋予行动意义。这种构想，来源于领导者的思维视角和观念深度，它是前瞻思维和创新精神的产物。这些领导者不会局限于眼前，而是把眼光放远，能够看到别人未曾察觉的机遇和挑战。

为什么必须大胆构想呢？如此诞生的愿景是否有不切实际之嫌呢？不可否认，确实有这方面的担忧。毕竟大胆构想没有一个明确的标准，怎样算是有实际意义的构想，怎样算是没有实际意义的妄想，是对领导者前瞻思维和战略架构能力的考验。一个真正的领导者，不仅要有梦想，还要有实现梦想的能力，以确保带领企业和团队走上正确发展的道路。

虽然有一定的风险，但大胆构想愿景还是值得的，毕竟经营企业需要一种能够克服一切困难的激情。而这种激情的来源就是对目标的执着追求，这种激情的发源则要求领导者率先燃烧起来并点燃整个企业，让所有人为了实现愿景而努力奋斗。在愿景的支撑下，燃烧的激情就不再是一时冲动，而是升级为持久的动力，让领导者和员工在困难面前不会退缩，在挫折面前不放弃。

某科技公司，在十年前还只是一家生产电子元件的小企业。随着市场的快速变化和技术创新的不断推进，该公司面临着巨大的生存压力。公司创始人兼 CEO 意识到了问题的严重性，决定采取行动。他进行了大胆的构想：将公司转型为一家高科技服务提供商，专注于为客户提供创新的解决方案。这个构想非常大胆，不仅涉及公司核心业务的根本性变革，且需招募一支全新的团队，来开发一系列新的产品和服务。因此，这个愿景不仅具有吸引力和挑战性，而且具有现实指导意义。

很明显，要实现这样的愿景是非常不易的，但这位 CEO 不仅自己坚信这个愿景，还通过各种渠道向全体员工传达这个愿景。在传达过程中，他强调了这个愿景的重要性和实现的可能性，使员工对愿景产生认同感。

为了实现这个愿景，该 CEO 制定了一系列具体的目标和战略。他带领团队进行分析、策划和执行，将愿景分解为可操作的步骤，确保每一步都有明确的方向和措施。随后，CEO 全身心投入转型中，亲自参与每一个关键决策，积极寻找合作伙伴和投资机会。具体做法分为如下三大类。

◆身先士卒，树立榜样——CEO 以身作则，大胆创新，勇攀科技高峰。他带领团队投身于研发和创新工作中，不断突破技术难关。他用实际行动赢得了员工的尊重和信任，激发了员工的工作热情。

◆激发团队潜能，共同追求卓越——CEO 注重激发员工潜能，鼓励他们挑战自我，不怕失败，追求卓越，只要是为了实现公司的愿景目标，就可以尝试。他通过建立开放、透明的沟通机制，让员工敢于表达自己的想法和意见。同时，CEO 还倡导团队协作，强调团队利益，使员工在共同追求卓越的过程中形成强大的凝聚力。

◆关爱员工，提升幸福感——CEO关注员工的成长和发展，致力于提升员工的幸福感。他倡导以人为本的管理理念，关心员工的生活和工作，为员工提供良好的工作环境和福利待遇。此外，CEO还鼓励员工参与企业决策，让员工感受到自己的价值和重要性。

可以想见，在转型过程中，CEO和团队经历了许多挫折和困难，但他们从未放弃过。CEO的激情和决心感染了整个企业，团结了人心，激发出了员工的创新与开拓精神。

经过几年的艰苦努力，该公司终于成功实现了转型。不仅开发出了一系列具有竞争力的新产品和服务，还建立了一支高素质的团队，打造出了强大的品牌形象。如今，该公司已成为业界知名的创新领导者，被广大客户誉为"科技变革的引领者"。

这个案例充分展示了大胆构想和领导者燃烧激情的重要性。正是由于CEO的大胆构想和坚定信念，该公司才得以成功转型；正是由于他的全身心投入和执着追求，才激发了整个企业的创新精神。这位CEO的故事告诉我们：一个成功的领导者，不仅要有前瞻性的思维和勇敢的行动，还要在困难面前保持坚定的信念和持久的热情。

一个充满激情的领导者能够激发员工的创造力和执行力；一个具备前瞻思维的领导者能够引领团队走向未来、抓住机遇。在这个快速变化的时代，企业需要这种具备大胆构想特质的领导者，带领企业走向更加美好的未来。

共创共识：带领员工一起思考

在变幻莫测的市场环境中，企业愿景不仅是一个目标，还是凝聚团队、激发创新的重要驱动力。因此，企业愿景不能仅是领导者的个人心愿，也不能是领导团队的少数想法，而应该是企业全体员工的共同期望。

然而，在实践中，很多企业的愿景并没有得到员工的认同和共鸣，导致员工缺乏工作动力和凝聚力。因此，共创共识企业愿景，带领员工一起思考，是当前企业发展中亟须解决的问题。

共识企业愿景，是企业全体员工对企业未来发展目标的共同认同和期待。它是一种力量，能够激发员工内心的热情，使他们在工作中充满动力；它也是一种动力，让员工在为实现愿景而努力的过程中，不断提升自己的能力和素质；它更是一种情怀，让员工认识到自己是在为一个伟大的事业而努力，从而提高对企业的归属感。共识愿景就像一盏指路灯，照亮企业前行的道路，帮助企业在激烈的市场竞争中保持方向感。鉴于共创共识愿景对企业的重要意义，在提出并确定的过程中，就需要遵循一些必要的原则（见图2-1）。

作为企业领导者，在带领员工一起思考，共创共建企业愿景的过程中，可以通过以下措施实现。

第二章 共启愿景：通过共同愿景联结人心

广泛性：企业愿景应由所有员工共同参与制定，让员工感受到自己是企业愿景的创造者和实践者

明确性：企业愿景必须清晰明确，易于理解，让员工能够清楚地知道企业的目标和方向

可行性：企业愿景必须考虑到企业的实际情况和市场环境，让员工相信企业愿景是可以实现的

激励性：企业愿景应能激发员工的积极性和创造力，让员工觉得自己的工作是有意义的

图2-1 共创共识企业愿景必须遵循的原则

（1）领导者的担当。领导者是企业愿景的发起者和推动者，需要具备远见卓识，为企业制定具有挑战性和吸引力的愿景。

（2）沟通与交流。领导者要与员工进行充分的沟通和交流，让员工了解企业愿景背后的价值和意义，使其产生共鸣。

（3）引导员工关注企业长远发展。领导者要引导员工从长远角度看待企业的发展，使他们在思考问题时具备更高的格局。

（4）培养员工的问题意识。鼓励员工发现问题、分析问题，并提出解决问题的办法，为企业发展提供有益的建议。

（5）制定实现愿景的策略。将企业愿景分解为具体的目标和策略，明确员工的职责和任务，确保愿景的可实现性。

（6）创建有利于创新的环境。鼓励员工勇于尝试，敢于突破，为实现企业愿景提供源源不断的创新动力。

（7）持续反馈与改进。及时收集员工对共识愿景的反馈，根据实际情况进行调整，确保愿景始终具有现实意义。

作为企业领导者，要学会带领员工一起思考，共同描绘企业发展的美

好蓝图。在这个过程中，领导者要注重与员工进行沟通与交流，激发员工的创新潜能，培养他们的责任心，最终实现企业与员工的共同成长。

阿里巴巴公司的企业愿景是"让天下没有难做的生意"。这一愿景不仅具有明确性、可行性和激励性，更是由创业期的所有员工共同参与制定的。阿里巴巴非常注重员工的成长和发展，为员工提供了丰富的培训和晋升机会。同时，阿里巴巴还建立了完善的激励机制和企业文化，鼓励员工积极参与企业决策和发展。在这样的企业愿景和员工发展策略下，阿里巴巴成功地吸引了大量优秀人才，成为全球具有很高价值的电商公司。

华为公司的企业愿景是"构建万物互联的智能世界"。这一愿景同样具有明确性、可行性和激励性。华为注重员工的参与和贡献，鼓励员工提出创新性的想法和建议。华为还为员工提供了广阔的发展空间和职业晋升通道，让员工感受到自己的价值得到认可和提升。在这样的企业愿景和员工参与策略下，华为成了全球领先的信息和通信解决方案供应商之一。

从以上案例可以看出，共创共识企业愿景并带领员工一起思考，是实现企业与员工共同发展的重要途径。在未来，会有越来越多的企业将更为注重共创共识企业愿景，带领员工一起思考的重要性和价值也将更加凸显，这是企业永葆生机的关键所在。

内在驱动：找出人们为之奉献的理由

在组织行为学中，愿景是引导和激发员工努力与奉献的重要因素。一个强大的愿景能够清晰地描绘出企业的未来景象，为员工提供方向，并激发他们的工作热情。

愿景通常与企业的使命、价值观和战略目标紧密相连。一个有力的愿景必然具备方向明确、激发热情、强化企业生产力、促进整体合作与凝聚向心力的作用。但这些仍然是愿景的表象作用，包括起到的引导与激励作用也是表象。

这就是为什么很多企业的愿景听起来很激动人心，也是员工共同制定的，也具有可实现性，也有很强的激励作用，但保质期很短，长则一年左右，短则十天半个月，企业内部的奋斗力就消失了。很多企业领导者困惑于这种情况，既不知道哪里出了问题，也不知道该如何解决。

其实，导致愿景快速失效的根本原因在于，没有发挥出愿景所应具有的内在驱动力，也就是说，企业未能真正找到让员工为之奉献的理由。这涉及深入了解员工的价值观、需求和动机，以便为他们提供真正能够激发其热情的东西。

为了详细阐述如何通过愿景激发员工的内在驱动力，本节将引入苹果公司的案例，作为世界级企业，其在成长壮大的过程中，愿景的内在驱动力一定起到了很重要的作用。

苹果公司（Apple）自1976年成立以来，始终秉持着独特的愿景，即改变世界的方式，通过创新的产品和服务为人们带来更好的生活。

◆愿景的设定

苹果公司的愿景是创造并提供卓越的产品、设计和用户体验，以改善人们的生活。该公司始终将用户放在首位，致力于打造简单、直观且美观的产品。苹果公司相信，技术应该是人类生活中的有益工具，而不仅仅是冰冷的硬件。

◆愿景的传达与内化

苹果公司通过各种渠道将愿景传达给员工，包括公司内部的会议、培训和沟通。公司强调愿景的重要性，并鼓励员工积极参与实现这一愿景的过程。此外，苹果公司还通过一系列激励措施，如建立健全奖励和晋升机制，确保员工的目标与公司的愿景保持一致。

◆愿景的实现

为了实现愿景，苹果公司不断进行创新和改进。公司注重研发投入，持续推出具有突破性的产品，如iPhone、iPad和Mac电脑等。同时，苹果公司还注重用户体验，提供优质的服务和支持。此外，苹果公司还积极承担社会责任，关注环境保护和平等权益。

◆愿景的影响

苹果公司的愿景驱动对员工产生了深远的影响，使员工感到自己参与了一家改变世界公司的工作，这种归属感和自豪感激发了他们的工作激情。许多员工表示，他们之所以愿意为苹果公司工作，不仅是因为其创新的产品，还因为公司对卓越的追求和对社会的贡献。

通过苹果公司的案例，可以看到通过愿景激发和提升内在驱动力的重要性。一个清晰、吸引人的愿景能够激发员工的激情，使他们愿意为之奉献。愿景不仅是企业的指引，还是人们为之努力的理由。

在商业世界中，愿景驱动型管理是一种重要的管理理念。通过设定一个清晰、吸引人的愿景，并将其传达和内化到员工中，企业能够激发员工的激情，使他们愿意为之奉献。

通过采取具有针对性的措施，企业可以更好地凝聚员工的共识和行动力，推动企业的可持续发展。因此，企业应当高度重视愿景的设定和实践，通过不断优化和完善愿景，激发员工的内在动力和创造力，共同迈向更加美好的未来。

张力强化：要鼓舞人心，更要现实感

一个富有张力、鼓舞人心的愿景不仅能激发员工的积极性，还能为企业的长远发展提供明确的方向。然而，仅仅设定一个鼓舞人心的愿景是远远不够的，如何在理想与现实之间找到平衡，是实现愿景的关键。

不可否认，富有张力的愿景可以为企业发展提供动力，鼓舞人心的愿景可以挑战员工的思维方式，激发他们的创新精神，推动企业不断突破自我，实现更高层次的发展。鼓舞人心的愿景能够为企业描绘出一幅宏伟的蓝图，使员工对未来充满信心和期待。但是，鼓舞人心的愿景并不意味着它能自动实现。如果没有明确的实现路径和可操作的计划，这种愿景可能会变得遥不可及，甚至导致员工的失望和产生挫败感。因此，在设定激进愿景的同时，必须有现实感作为支撑，让愿景真正落地生根。

现实感是指对企业内外环境的清醒认识和分析。只有充分了解企业的优势与劣势、机会与威胁，才可能为愿景的实现制订出切实可行的计划。现实感可以帮助员工理解企业愿景的可行性，并明确个人在实现企业愿景过程中的角色和责任。

缺乏现实感的愿景可能会沦为空洞的口号或无法实现的幻想。只有将愿景建立在现实感的基础上，才能使员工相信愿景的可实现性，从而愿意为愿景的实现付出努力。因此，强化愿景张力，必须在鼓舞人心与现实感之间取得平衡。具体应该如何实现呢？可以参考以下措施。

（1）制定富有挑战性的目标。为了激发员工的积极性和创新精神，企业应设定具有挑战性的目标。这个目标要有一定的难度和高度，但又不至于遥不可及。通过挑战传统思维模式和打破现状，企业可以推动员工不断学习和成长，为实现愿景提供人才保障。

（2）制订可行的实施计划。为了确保愿景的实现，企业需要制订具体的实施计划。这个计划应该明确实现愿景的时间表、关键里程碑和责任人。通过将大的愿景分解为小的、可操作的任务，可以帮助员工更好地理解和执行计划，推动愿景的逐步实现。

（3）培养企业的变革能力。变革是企业发展的常态，而变革能力是实现愿景的关键因素之一。企业应该注重培养员工的变革意识和能力，通过培训、实践等方式提升员工的适应性和创新能力。只有当企业具备了足够的变革能力，才能更好地应对外部环境的变化，为实现愿景提供保障。

（4）保持对现实的敏感度。企业应该时刻关注内外部环境的变化，及时调整战略和计划。通过对市场、技术、竞争对手等方面的持续分析，企业可以保持对现实的敏感度，确保愿景的实现不会偏离实际。同时，企业还应该鼓励员工积极反馈现实情况，为决策的制定和完善提供依据和参考。

（5）建立常态化的激励机制。为了激发员工为实现愿景而努力奋斗的积极性，企业需要建立有效的激励机制。这种机制应该将员工的个人利益与企业的整体利益相结合，使员工愿意主动为实现企业愿景贡献自己的力量。通过物质激励、精神激励等多种方式，企业可以激发员工的潜力，推动他们不断突破自我、追求卓越。

因此，一个张力适度的愿景，能够鼓舞员工超越现状，追求更高的目标。微软公司（Microsoft）就是典型的成功塑造愿景张力的企业。

2000年，曾经在业界风头一时无两的微软面临严重的业务下滑，公司内部存在分歧，员工对公司的未来感到困惑。当时的CEO萨提亚·纳德拉意识到，必须重塑公司愿景，以重新激发员工的激情和客户的信任。纳德拉对于微软重启愿景的要求有三点，即必须确立共同愿景、强化愿景张力和保持愿景现实感。

◆确立共同愿景

纳德拉通过与员工、客户和合作伙伴的广泛沟通，确立了微软的共同愿景："让每个人和每个组织都能实现更多。"这个愿景既激进，又具有现实感，传递出微软对技术进步的渴望，同时也关注到客户和合作伙伴的需求。

◆强化愿景张力

为了强化愿景的张力，微软采取了一系列激进的行动：①致力于创新，不断推出新产品和技术，如云计算、人工智能等。②积极投资于教育和社会责任项目，以促进技术普及和包容性。③与合作伙伴建立紧密的合作关系，共同推动行业发展。

◆ 保持愿景现实感

尽管微软的愿景是激进的，但他们也始终保持着现实感。通过设定短期和长期目标，确保愿景的可实现性。微软还注重倾听客户和市场的反馈，根据实际情况调整策略。同时，微软鼓励员工积极参与决策过程，以增强团队的归属感和责任感。

一个具有张力的愿景是企业成功的关键，它能够激发员工的激情，吸引客户，并与合作伙伴建立紧密的联系。以微软为例，他们在重塑愿景的过程中，既保持了激进性，又保持了现实感，不仅成功强化了愿景的张力，更实现了业务的持续增长。其他企业也可以从微软的经验中吸取教训，塑造具有张力和现实感的愿景，以推动自身的发展。

愿景张力与现实感的平衡，将为企业的长远发展提供明确的方向和动力。在未来，企业应不断审视自己的愿景和战略，确保它们能够适应内外部环境的变化。

愿景链接：只有连接到个人的愿景才会带来力量

愿景是一家企业希望达到的未来状态，它通常是宏大的、长期的，并与组织的核心价值观相一致。就像星巴克的创始人霍华德·舒尔茨曾设定的这样一个愿景：创造一个人们不仅将星巴克视为享受优质咖啡的场所，而且是一个社交、舒适的第三空间。这一愿景吸引了一群志同道合的员工，他们不仅热爱咖啡，而且认同这个愿景背后的价值观和文化。

星巴克的成功很大程度上就是通过企业愿景吸引了一大批人才的加盟，大家愿意拧成一股绳助推企业发展。由此可见，星巴克的企业愿景与员工的个人愿景连接在一起，愿景真正成了引导企业前进的灯塔。

在实际操作中，很多企业仍将愿景视为高层管理者的理念，与一线员工的日常工作和职业发展不发生任何关联，这样的愿景就是空洞的，不可能激发员工的积极性和归属感。因此，仅仅有一个美好的愿景是不够的，还要将企业愿景与员工的个人愿景相连接，让员工都能从中找到自己的价值和成长空间（见图2-2）。

A 提高员工满意度和忠诚度	B 增强团队凝聚力	C 提高协作效率和创新能力
D 促进个人与企业共同成长	E 增强品牌形象和市场竞争力	F 实现可持续发展

图2-2　企业愿景与个人愿景有效连接的好处

联邦快递公司（FedEx）成立于1973年，是全球最大的快递物流企业之一。在其创始人弗雷德·史密斯的领导下，联邦快递凭借创新的物流理念和卓越的服务质量，成为全球物流行业的领军者。

◆传达愿景——史密斯在企业内明确传达了企业愿景，并将其融入企业的各个方面。从企业宣传、员工培训到日常运营，都可以看到联邦快递对愿景的强调。这种传达不仅体现在口头和书面表达上，还通过各级管理者的行为和决策得以体现。

◆个人愿景的发掘——联邦快递鼓励员工发掘并明确自己的个人愿景。史密斯认为，只有当员工的个人愿景与企业愿景相连接时，员工才能充分发挥自己的潜力，为企业的目标贡献自己的力量。

◆愿景与目标的对接——联邦快递将企业的愿景分解为各个部门和员工的具体目标。每个员工都能明确自己的工作目标，并知道自己的工作如何与企业的发展相结合。这种对接让员工感受到了自己的工作价值，激发了他们为企业目标而努力的动力。

◆激励与反馈——联邦快递通过建立激励机制和反馈机制，让员工感受到自己的成长和进步。企业为员工提供了丰富的培训和发展机会，帮助员工实现个人愿景。同时，企业定期对员工的工作进行评估，为员工提供反馈，帮助他们调整自己的发展方向。

当然，建立这样的连接并非一蹴而就的事情，需要长期的努力和维护。联邦快递在愿景建设方面从未敢有半点松懈，总是在已经很完美的基础上，追求更完美。史密斯要求各级管理者必须明白，建设愿景并不存在完美，必须始终保持优化与改进。

通过联邦快递的案例可以看到，愿景连接对于企业的发展具有重要意义。只有将企业愿景与员工个人愿景相连接，才能激发员工的力量，推动企业实现卓越。对于各行各业的后来者而言，要实现愿景链接，需要明确传达愿景，发掘和培养员工的个人愿景，将愿景与目标对接，并提供激励和反馈。唯有如此，企业才能在不断变化的市场环境中保持竞争力，并最终实现其宏大的长期目标。

第三章
组织氛围：通过建立信任稳定人心

　　一个积极、健康、和谐的组织氛围能够激发员工的归属感和工作热情，提高工作效率和创新能力。因此，通过建立信任和增进关系以稳定人心，是组织氛围建设的重要任务。

尊重是基础，公平是前提

随着企业发展的深入、员工构成的多样化、价值取向的多元化，给管理带来了诸多新的课题。在这些课题中，我们不难发现一条始终围绕其间的主线——即尊重与公平。

尊重和公平是人性中最光辉的两个闪光点，每个人都希望自己能被别人尊重相待和公平对待。

尊重是管理的基础。管理的对象是人，而人是有思想、有感情、有需求的。人的思想、感情和需求是不一样的，不同的人对同一件事情可能会有不同的看法，这就要求管理者要充分考虑到这一点，要尽可能地了解员工的思想和感情，以充分体现对员工的尊重。

同时，即便是管理与被管理的关系，被管理者也不希望自己因为职位低而不受尊重。职位只是一种表象，是一个人在社会中承担不同责任的体现。职位只代表暂时的成绩，现在是管理者，不代表未来总是管理者；而且，管理是双向的，很多管理者，既是管理身份，也是被管理的身份。所以，管理既不是趾高气扬的资本，也不是骄傲自满的本钱。想要将管理实施到位，让管理既能有理有序，又能慑服人心，就必须立足于对员工的尊重。

公平是管理的前提。公平性是一个很重要的原则，一个人是否感觉到公平，往往会对他的工作态度、工作积极性等产生影响。公平感是人们的一种基本心理感受，不仅涉及个人的物质利益，还涉及个人的名誉、地位等许多重要的心理感受。在企业中，管理者应该尽可能地让员工感觉到公平，这样才能调动员工的积极性和创造性。例如，在薪酬分配上，应该尽可能地让员工感觉到公平；在奖励和惩罚上，也应该尽可能地让员工感觉到公平；在职级晋升上，更应该让员工感觉到公平。只有让员工感觉到公平，才能让员工对企业的信任度和满意度不断提高。

因此，要想实现公平，就不应该以职位高低而论，而应该以贡献大小来论，贡献大的就多收获，贡献小的就少收获，没贡献的就不收获。公平与否是能够感受到的，所谓公平既是自己的付出与收获对等，也是自己与别人对比后付出与所得对等。

在企业管理中，尊重他人和公平待人是管理者必备的两项基本素质，这是不需要讨论的，要求所有管理者必须无理由实现。之所以要如此强调这两点，就是因为它们关乎人性的最根本。如果在管理中缺失了尊重与公平，激励政策即使制定得再细致、执行得再到位，监督得再严格，也是无用的。因为一旦基础缺失，底层是空的，上层将难以长久。

但是，尊重和公平不能是说说而已，要真真正正地去践行，直至根植于企业的精神土壤中。这种精神土壤就是企业文化，是企业精神激励的根脉。当企业文化与员工价值观一致时，当企业文化能充分体现对员工的尊重时，当企业文化能够让激励实施保持公平时，员工会深感自己选择正确，会为企业感到骄傲，会愿意为企业奉献力量。

（1）尊重是多个层面的。管理学大师拿破仑·希尔曾说："尊重是加速员工自信力爆发的催化剂。"正因如此，尊重激励是基于人性的一种最基本的激励方式。

在企业内部，尊重应该普遍存在于多个层面，包括企业与员工间的相互尊重，管理层与基层间的相互尊重，管理层间的相互尊重，员工之间的相互尊重。只有将这四类尊重全部贯彻执行到位，才能在企业内部形成一股股强大的精神力量，有助于企业、管理层、员工三方面间凝聚力的形成。

同时，尊重也应该延伸到企业之外，比如，企业的新老客户，与企业有业务往来的各类供货商和经销商等。企业要秉持尊重为本的精神，以真诚友好的态度面对每一个人和每个合作方，并以公平为原则，建立良性交易的内外部环境。

（2）尊重和公平不能只停留在口号上。经常听到一些企业管理者说"公司的成绩是全体员工努力的结果"之类的话。表面看起来这话说得好像没什么问题，管理者也表达了对员工的尊重，也认可员工的付出。但事实上，如果员工因此想争取一些个体利益时，管理者这句话就派上了用场，既然是全体员工的利益，就会以"我们不可以只顾及你一个人的利益"为理由加以拒绝。如果员工因此产生不满情绪，管理者也会以"你不想干可以走，我们不愁找不到人，我们的企业需要能够团结一致的人"这样的话来搪塞员工。

管理者之所以如此操作，是因为建立在"只要团队管理到位，谁来都可以发挥力量"的认知基础上。但却忽视了一个事实，在一个整体内，每个人的贡献就是不一样，有贡献大的，有贡献小的，如果都按照一种标准给予认可和奖励，贡献小的、能力弱的就等于搭上了便车，而贡献大、能力强的必然会产生怨怼之情。

如果出现员工感受不到公平的情况，员工就会认为企业"尊重员工的价值和贡献"只是口号。当公平成了空谈，尊重也就随之落空。

还是那句话，是否尊重和公平对待员工，员工是能够感受得到的。员工在企业工作，除了赚薪水，最基本的要求就是获得尊重和公平对待。如果管理者不能从内心真正做到尊重和公平对待员工，那么势必会影响员工的工作积极性和对企业的认同感。如果管理者发现员工不再勤奋了，不再热爱工作了，不再尽心负责了，不要先责怪员工，而是要反思自己的行为，是否给予了员工值得努力工作的动力。

"尊重是基础，公平是前提"，既是企业人力资源管理的重要原则，也是管理工作中稳定人心的充分必要条件。具体来说就是，要尊重每个员工的思想、感情和需求；对员工的工作进行公平公正的评估；建立合理的薪酬福利制度；进行有效的激励等。这样就能够使员工更加积极地工作，并创造出更多的价值，以促进企业的发展和进步。在不断变革和发展的现代社会中，这样的管理模式才能为广大的员工所接受和推崇，也才能形成更加科学和进步的管理体系，并使企业和劳动者都获得更加长远的发展。

与员工建立情感联结

春秋时期，秦穆公继承秦国国君之位时，秦国国力羸弱。散落在秦国边境的部族生活异常贫困，因经常茹毛饮血，而被称为"野人"。一次，秦穆公的一匹宝马跑了出去，不幸被一伙"野人"捕获给吃掉了。秦国官吏捉到这些"野人"后，向秦穆公奏请是否要严惩。秦穆公却说："放了他们吧！百姓生活不易啊！猎杀一匹马是为了果腹，况且他们也不知道那是寡人的马，怎能为了一匹马而处罚几百人呢。"这些"野人"被释放了，还得到了秦穆公赏赐的酒肉。

经过几年的励精图治，秦国国力有所增强，秦穆公亲自率军同晋军在韩原展开了交战。几番激战后两军不分胜负，后来晋军用计围困了秦军，正在秦军无法突围之际，突然从晋军外围杀入一支人马，他们穿着褴褛，手持各类铜石工具，但异常骁勇，拼命厮杀，竟然保护秦穆公杀出重围。到了安全地方详细询问后，秦穆公才知道，这些人就是当年吃了自己宝马的"野人"。后来，秦穆公将这些人编入亲卫军，成为国君最有力的保护者。

人非草木，皆有情。通过情感的联系，管理者可以快速与员工建立本质上的联系。秦穆公在处理"吃马事件"时，一直没与那些"野人"见过面，但国君对待自己的做法却让"野人"深深记在心里，虽然他们当时没说什么，但却在心里埋下了感情的种子。

情感联结是指管理者与员工之间建立起的情感纽带，通过理解、关心和支持员工，使员工对企业产生认同感和归属感，从而提高员工的积极性和工作效率。

在现代企业管理中，越来越多的管理者认识到情感联结对于提高员工满意度、增强团队凝聚力以及推动企业整体发展的重要性。当员工感到被理解、被关心，他们的归属感和责任感会大大增强，这将为企业的长远发展提供强有力的支撑。

Utilico Excelcare（全效护理公司）是一家知名的医疗设备制造企业，其成功的秘诀在于与员工之间建立了深厚的情感联结。公司领导层深知，为了制造出高质量的产品，首先需要关注员工的情感和需求。为此，他们制定了一系列的措施。

◆员工健康与福利计划。Utilico Excelcare 为员工提供全面的健康保险，包括心理健康支持，并设有专门的心理咨询师团队为员工提供咨询服务。此外，公司还制订了各种福利计划，如员工股票购买计划、家庭护理假等，确保员工在各个阶段都能得到充分的支持和照顾。

◆职业发展与培训。Utilico Excelcare 重视员工的职业发展，为其提供各种内部和外部的培训机会，确保员工技能得到提升。这样既有助于员工的个人成长，也为公司的产品研发和创新提供了源源不断的动力。

◆定期反馈与认可。Utilico Excelcare 鼓励管理层与员工进行定期的一对一反馈交流，让员工了解自己的工作表现，明确改进方向。此外，公司还制订了各种奖励计划，对优秀员工给予表彰和奖励，增强他们的成就感和自豪感。

通过这些措施，Utilico Excelcare 成功地与员工建立了深厚的情感联结，提高了员工的满意度和忠诚度。这不仅使得公司在业界赢得了良好的口碑，也为其持续的创新和发展提供了有力的保障。

Joyful Learning Schools（快乐学习学校）是一家知名的连锁幼儿园，以其优质的教育服务和温馨的校园氛围而闻名，但其成功秘诀仍在于学校与员工之间建立的深厚情感联结。

◆关注员工成长。Joyful Learning Schools 深知教师的成长对于学校发展的重要性，为此设立了完善的教师培训计划，涵盖教育理念、教学方法以及与学生和家长的沟通技巧等多个方面。此外，学校还鼓励教师参加各种教育研讨会和工作坊，不断更新教育观念和教学方法。

◆营造积极的团队氛围。在 Joyful Learning Schools 中，团队合作被视为成功的关键。学校定期组织团队建设活动，如户外拓展、烹饪比赛等，以增强团队的凝聚力。此外，学校还鼓励教师之间的互相支持和合作，共同解决教育过程中遇到的问题。

◆倾听员工的声音。为了更好地了解教师的需求和期望,Joyful Learning Schools 建立了反馈机制,鼓励教师提出自己的意见和建议。管理层会定期与教师进行沟通,听取他们的心声,并根据反馈结果调整相关政策。

◆提供有竞争力的福利。为了确保教师能够在学校找到归属感,Joyful Learning Schools 提供了丰厚的福利条件,如健康保险、带薪休假、节假日福利等。此外,学校还为教师提供了职业发展的机会,优秀的教师可以晋升为校领导或进入学校的决策层。

通过上述措施,Joyful Learning Schools 成功地与员工建立了情感联结,创造了和谐温馨的校园氛围。使得学校的教学质量和社会声誉获得了显著提升,成为家长和学生信赖的教育品牌。

除了上述两个企业案例,还有很多企业通过建立与员工的情感联结而取得了成功。这些企业的共同点在于关注员工的情感需求、提供良好的福利待遇、鼓励员工参与决策、营造积极的团队氛围以及建立有效的沟通机制等。通过这些具体的方法和措施,企业能够真正关心员工、理解员工并支持员工的成长和发展。

建立与员工的情感联结是一个长期的过程,需要企业持续投入时间和精力。当然,这种投入所带来的回报是巨大的。当员工感到被重视和被支持时,他们会更加积极地投入工作中,发挥自己的创造力和潜能。这将为企业带来更高的工作质量、更强的团队协作和更稳固的长远发展基础。

建立与员工的情感联结对于企业的发展至关重要。企业管理者应当把员工的情感需求放在心上,通过真诚的关怀、有效的沟通、良好的福利待遇以及积极的团队氛围等具体方法,与员工建立起深厚的情感联结。这将有助于提高员工的满意度和忠诚度，激发他们的工作热情和创造力，为企业的持续发展和成功奠定坚实的基础。

形成相互信赖的关系

在企业经营中，相互信赖的关系是构建强大团队和保持人心稳定的基石。一个充满信赖的工作环境不仅可以激发员工的潜力，还能增强组织的凝聚力。

相互信赖的关系有助于消除企业内部的沟通障碍，提高决策效率和执行力。当员工之间以及员工与管理层之间建立起坚实的信任基础时，信息流通将更加顺畅，有助于避免误解和冲突。在此基础上，员工的工作满意度和整体运作效率必然会提高，企业也将更有能力应对挑战、抓住机遇。此外，相互信赖的关系还有助于构建积极的企业文化，增强员工的归属感，降低人才流失率。

首先，透明而坦诚的沟通是构建信赖关系的重要一环。管理者应与员工分享关键信息，包括企业目标、战略规划以及未来发展方向等。通过开放的沟通，员工能够更好地理解组织的决策过程，增强对管理层的信任感。

其次，建立公平公正的制度和文化对于形成信赖关系至关重要。员工需要感受到企业对公平竞争和公正待遇的重视。公正的激励机制、晋升制度以及薪酬体系，可以使员工感到他们的努力和贡献得到公正的回报。

再次，团队合作和共同目标的设立有助于加强团队成员间的信任关系。管理者应鼓励员工之间的协作和信息共享，确保每个人都能充分发挥自己的优势。设立共同追求的目标可以使团队成员在共同奋斗的过程中培养出更深层次的信任感，形成稳固的合作基础。

然后，管理者的榜样作用也对信赖关系的建立产生深远的影响。通过诚实、守信、对团队负责的行为，管理者能够树立起良好的榜样，激发员工对组织的信任。言行一致的管理者能够赢得员工的尊重，从而在团队中形成良性的信任循环。

最后，及时有效的反馈机制可以促进信赖关系的发展。管理者应给予员工及时的肯定和建设性的指导，使员工感受到管理者对他们的关心和支持。通过正面的反馈，员工会更有动力投入工作，同时也更容易对管理者和企业产生信赖。

以上因素共同构建了一个充满信任的工作环境。在这样的环境中，员工能够更好地发挥潜力，工作热情得以提升，团队凝聚力得以增强，从而为企业的长期稳定发展打下坚实基础。

谷歌公司（Google）的成功，很大程度上归功于企业内部建立了坚实的相互信赖关系。谷歌通过以下几个方面形成了这种关系。

◆强调员工自治和自我管理——谷歌鼓励员工自治和自我管理，相信员工有能力做出正确的决策。这种信任激发了员工的责任感和工作积极性，使他们更加主动地投入工作。为了实现员工自治，谷歌提供了一系列的工具和资源，例如内部讨论、项目管理和决策工具等，以帮助员工更好地发挥自己的能力和专长。

◆透明化信息共享——谷歌强调透明化的信息共享，确保所有员工都能及时了解公司的战略目标、业务数据和财务状况。这种开放的信息流有助于减少误解和猜疑，增强员工的信任感。此外，谷歌还通过定期的员工调查和反馈机制，收集员工的意见和建议，并积极采纳合理的建议，让员工感受到自己的价值和重要性。

◆以人为本的管理理念——谷歌注重员工的成长和发展，相信每个员工都有无限的潜力。公司提供了丰富的培训和职业发展机会，帮助员工提升自己的技能和能力。此外，谷歌还通过提供具有竞争力的薪酬福利和创造良好的工作环境，让员工感受到公司的关怀和支持。这种以人为本的管理理念让员工更加信任公司，愿意为公司的发展贡献自己的力量。

◆强调团队合作和文化契合——谷歌在招聘过程中非常注重候选人的团队合作能力和文化契合度。公司认为，一个团队内部相互信赖的关系是实现高效协作的关键。为了培养团队合作精神，谷歌提供了多种团队建设活动和合作项目，鼓励员工跨部门合作，共同解决问题和应对挑战。此外，谷歌还强调"不问出身"的招聘原则，吸引来自不同背景和领域的优秀人才。这种多元化的团队结构也有助于增加员工之间的相互了解和信任。

◆保持与员工的良好沟通——谷歌认为，与员工的良好沟通是建立相互信赖关系的关键。公司定期开展员工大会、座谈会等活动，让员工与管理层进行面对面的交流。此外，谷歌还设立了内部反馈平台和匿名调查工具，鼓励员工提出自己的意见和建议。管理层认真倾听员工的诉求和关切点，及时回应并采取有效措施解决问题。这种良好的沟通氛围让员工感受到自己的声音被重视，增强了他们对公司的信任感。

通过以上措施，谷歌成功地在其企业内部建立了坚实的相互信赖关系，激发了员工的创造力和协作精神，谷歌公司内部通过建立信任而增进关系，通过增进关系而赢得人心，为其不断创新和发展提供了强大的支持。

在现实工作中,由于各种复杂因素的影响,互信关系的构建并非易事。因此,企业内部互信关系的构建是一个长期、复杂的过程,需要企业从多个层面进行努力。通过创新性的观点和解决方案,企业可以逐步营造一个有利于互信关系形成的氛围,从而稳定并聚拢人心,以提高企业绩效,实现可持续发展。

信任让情感账户长久有效

情感账户是由美国心理学家阿伦·平克在其著作《情感账户》中提出来的。情感账户,指的是人与人之间的情感关系,就像银行账户一样,可以存入和取出。

在企业管理中,情感账户是一种重要的管理工具,指的是通过存入积极的情感,可以帮助管理者与员工建立良好的关系,从而提高员工的工作积极性和工作效率。当企业在情感账户上不断投入,建立起深厚的信任关系,就能够收获员工的积极回应和高效工作。

信任则是情感账户的基石,只有相互信任,才能使情感账户长久有效。信任可以使员工对管理者产生认同感和归属感,从而愿意为企业的发展贡献力量。相反地,如果员工对管理者缺乏信任,则会产生负面情绪,影响工作效率和团队氛围。

因此,情感账户是员工对于企业信任和认同感的累积,决定了员工对于企业的忠诚度和投入程度。

美国西南航空公司（Southwest Airlines）是一家以卓越服务和高满意度而闻名的航空公司。在业界竞争激烈的背景下，该公司能够持续保持高水平的业绩，这一成绩的取得与其与员工之间建立的深厚情感纽带密不可分。

◆以人为本的管理理念。西南航空始终坚持以人为本的管理理念，认为员工是企业最重要的资产。公司鼓励员工参与决策，重视他们的意见和建议。通过这种方式，员工感到被尊重和被信任，从而增强了归属感。

◆完善的培训体系。西南航空为员工提供全面的培训，不仅涵盖职业技能，还包括客户服务、团队协作等多个方面。这种投资使得员工感到企业关心他们的成长，从而愿意长期为企业贡献力量。

◆良好的福利待遇。西南航空为员工提供具有竞争力的薪酬和福利条件，如健康保险、退休金计划等。此外，公司还为员工提供灵活的工作安排，以便他们更好地平衡工作与生活之间的关系。

◆倡导团队精神。在西南航空，团队合作被视为成功的关键。公司鼓励员工之间的互相支持与合作，共同应对挑战。通过这种方式，公司与员工之间的关系更加紧密，情感账户不断得到充实。

正是由于西南航空在情感账户上的持续投入，公司与员工之间建立了深厚的信任关系。这种信任关系使得员工愿意为公司付出更多的努力，从而创造了卓越的业绩。

企业想要取得成功，一定要在内部形成信任的风气，将情感账户存满。通过一些必要的、正确的、及时的、普适的措施，真正做到关心员工、理解员工，并支持员工的成长与发展。下面这些具体的措施虽然无法全方位适用所有企业，但一些核心点是永远要做到的。

（1）持续沟通。有效沟通是维护情感账户的关键。管理层需要定期与员工交流，了解他们的工作状况、困难和需求，并提供支持和帮助。通过真诚的对话，企业可以增强员工对管理层的信任感。

（2）公平对待。公平是建立信任的基础保障。企业需要确保员工在薪酬、晋升、奖励等方面得到公平的对待。当员工感受到公平的待遇时，他们对企业的信任和归属感会大大增强。

（3）树立榜样。企业管理层要以身作则，通过自身的行为为员工树立良好的榜样。当员工看到管理层言行一致、关心团队时，他们会更加信任管理层，并愿意为企业的发展贡献自己的力量。

（4）提供成长机会。企业应关注员工的职业发展需求，为他们提供学习和成长的机会。通过培训、参加研讨会等方式，员工能够不断提升自己的能力和技能，从而增强对企业的忠诚度。

（5）倾听员工意见。企业应该倾听员工的意见和建议，让他们感受到自己的声音被重视。由此，他们会更愿意为企业的发展贡献智慧和力量。

（6）创造和谐氛围。营造一个和谐的工作氛围有助于增强团队凝聚力。企业可以通过组织团建活动、庆祝活动等方式，增进员工之间的友谊和形成默契，从而提高整个团队的协作效率。

（7）传递企业文化。企业应该向员工传递积极的企业文化，让员工感受到企业的价值观和使命感。通过了解企业的愿景和理念，员工能够更好地融入团队，并为企业的发展而努力奋斗。

信任让情感账户长久有效是企业管理中一个重要的理念。当信任得以建立时，员工的工作积极性、团队凝聚力、员工流失率和员工工作满意度都将得到提高，从而为企业的发展奠定坚实基础。

让愉悦的力量从精神延续到行为

管理是一门科学,也是一门艺术。在当今社会,随着人们对于工作环境、工作氛围的要求越来越高,管理也面临着新的挑战和机遇。在这样的背景下,关于愉悦管理的理念逐渐被越来越多的企业所接受和实践。愉悦管理是精神力量和行为力量的全面结合,它强调的是通过营造愉悦的工作环境和氛围,激发员工的积极性和创造力,从而提高企业的绩效和竞争力。

精神力量是企业内部成员共同认同和追求的企业价值观、企业愿景和企业文化等。它是企业发展的内在动力,可以激发员工的工作热情和创新能力,增强企业的凝聚力和竞争力。

行为力量是企业在市场竞争中所表现出的实际能力,包括企业的管理能力、技术创新能力、产品质量和服务水平等。它是企业发展的外在表现,直接关系到企业的生存和发展。

精神力量和行为力量二者之间的关系是相辅相成、相互促进的。精神力量可以激发行为力量,使企业在市场竞争中展现出强大的执行力;行为力量则是精神力量的体现,反过来又会进一步强化精神力量。只有将二者紧密结合,企业才能实现持续发展。

一个愉悦的工作环境,可以带给员工舒适感和归属感,从而提高他们的工作效率和创造力。因此，创造一个愉悦的工作环境是实施愉悦管理的第一步。具体来说，企业可以通过以下几个方面来创造愉悦的工作环境：

（1）设计人性化的工作空间。根据员工的工作需求和心理需求，设计人性化的工作空间。例如，提供宽敞明亮的办公环境、舒适的座椅和办公设备，以及方便员工交流的休息区等。

（2）营造积极向上的团队氛围。通过组织开展团队活动、建立互助合作的工作关系等方式，营造积极向上的团队氛围。让员工感受到来自团队的支持和鼓励，从而激发他们的工作热情和创造力。

（3）打造多元化的工作方式。根据员工的不同需求和个性特点，提供灵活的工作方式和时间安排。例如，实行弹性工作制度、远程办公等方式，让员工更加自由地安排自己的工作时间和地点。

管理关系是企业管理中的重要一环。建立愉悦的管理关系，可以让员工感受到被尊重和被信任，从而激发他们的工作积极性和创造力。具体来说，企业可以通过以下几个方面来建立愉悦的管理关系。

（1）尊重员工。尊重员工的个性、价值观和工作方式。在管理中，注重倾听员工的意见和建议，了解他们的需求和情感，从而更好地满足他们的需求。

（2）鼓励员工。鼓励员工发挥自己的特长和优势，勇于尝试和创新。在员工取得成就时，及时给予肯定和奖励；在员工遇到困难时，给予支持和帮助。

（3）培养员工。通过组织培训和发展计划，帮助员工提升个人能力和专业素养。让员工感受到企业对其成长的关注和支持，从而增强员工的归属感和忠诚度。

（4）透明沟通。建立透明、开放的管理沟通机制。让员工了解企业的战略目标、经营状况等信息；同时鼓励员工提出自己的意见和建议，让员工参与到企业的决策和管理中来。这样可以增强员工的参与感和责任感，从而提高他们的工作积极性和创造性。

（5）正向激励。在管理中倡导正向激励，注重对员工的正向引导和鼓励。通过合理的奖励机制、晋升机制等方式，让员工感受到自己的努力和付出得到了应有的回报。这样可以激发员工的积极性和创造力，提高企业的绩效水平。

（6）有效反馈。建立有效的反馈机制，及时对员工的工作表现进行评估和做出反馈。在反馈中注重具体、及时的表扬和建设性的批评，让员工了解自己的工作成果和需要改进的地方。这样可以促进员工的成长和发展，同时也可以提高员工的工作满意度和忠诚度。

（7）文化建设。一个良好的企业文化可以激发员工的归属感和自豪感，提高企业的凝聚力和竞争力。因此，企业应该注重塑造积极向上、包容开放、富有创新精神的企业文化，让员工在这样的文化氛围中不断成长和发展。同时，还要注重企业文化的传承和发展，不断丰富其内涵和外延，使之成为企业持续发展的不竭动力。

要让愉悦的力量从精神层面真正延续到行为，企业需要在多个方面进行努力和实践。从改善工作环境、建立和谐的管理关系到培养正向激励的企业文化，每一步都至关重要。这样的努力不仅能提高员工的满意度和忠诚度，还能使企业在激烈的市场竞争中保持领先地位。

为员工的心灵遮风挡雨

心灵是指内心、精神、思想等深层次的东西,对于员工而言,心灵上的满足和安慰往往比物质上的激励更加重要。在现代企业管理中,管理者需要更加关注员工的内心世界,为员工的心灵遮风挡雨,让他们在工作中感受到温暖和关爱,从而激发员工的积极性和创造力,提高企业的整体绩效。下面从四个方面,以层次递进的方式,呈现管理者该如何真诚地为员工的心灵遮蔽风雨,从而打造出令人身心愉悦的企业氛围。

(1)关注员工的精神需求。随着社会的发展,员工对于精神层面的需求越来越高。他们希望在工作中有被认同、被尊重的感觉,希望能够实现自己的价值。因此,管理者需要关注员工的精神需求,从员工的内心深处激发他们的动力和热情。

例如,有一家企业在员工激励方面做得非常好。他们设立了"最佳员工奖"和"进步最快奖"两个奖项,每年评选出表现最优秀的员工和进步最快的员工各一名,并为他们颁发这个奖项。这两个奖项不仅是一个荣誉,还伴随着丰厚的奖金和福利待遇。同时,奖项的评选标准非常严格,不仅要求员工在工作中表现出色,还要有团队合作精神和创新思维。通过这两个奖项的评选,企业不仅激励了员工的工作热情,还让员工感受到了被认同和尊重,从而更加积极地投入工作中。

（2）关心员工的情感状态。员工在工作中会遇到各种困难和挑战，他们的情感状态也会因此而受到影响。如果员工长期处于紧张、焦虑的状态下，会对工作产生负面影响。因此，管理者需要关注员工的情感状态，关心员工的情感变化，积极与员工沟通交流，帮助员工解决工作和生活中的问题。

例如，有一家企业在员工福利方面做得非常好。他们设立了一个"心理辅导室"，专门为员工提供心理咨询和心理疏导服务。员工如果有任何工作或生活上的压力和困扰，都可以来这里寻求帮助和得到建议。这个福利制度的建立不仅关注了员工的心理健康，还让员工感受到了企业的关爱和支持，从而更加积极地投入工作中。

（3）营造柔和的工作氛围。相比于强硬的工作氛围，柔和的工作氛围能够让员工更加安心、舒适地工作，提高工作效率和质量。因此，管理者需要营造一个积极向上、和谐融洽、以人为本的工作氛围，让员工感受到企业的温暖和关怀。

例如，有一家企业在工作氛围方面做得非常好。他们定期组织各种团队活动，如户外拓展、文艺比赛等，只强调员工自愿酌情参加，若个人确实有事或者不适应集体活动，则可不必参加。这种设定条件，让参与的员工能在轻松愉快的氛围中交流互动，让不参与的员工也能感受到企业对自己的关爱，都能达到增强团队凝聚力的效果。同时，企业还鼓励员工提出自己的意见和建议，让他们参与到企业的决策和管理中来，从而增强员工的归属感和责任感。这些措施让企业营造出了团结进取、和谐融洽的工作氛围，让员工感受到了企业的关怀和支持，从而更加积极地投入到工作中。

（4）提供成长和发展的机会。在任何情况下，一家企业若能实现帮助员工成长和发展，都能起到最强的激励作用，也最能有效稳定人心与聚合人心。因为实现成长与实现个人价值，是人性使然，员工选择工作，不仅需要满足基本的生活需求，还需要有成长和发展的机会。因此，管理者需要为员工提供成长和发展的机会，让员工不断学习和进步，提高自己的能力和素质。

例如，有一家企业在员工培训方面做得非常好。他们定期组织各种培训课程和职业发展规划辅导，帮助员工提升自己的技能和能力。同时，企业还鼓励员工参加外部的培训和学习活动，并为他们提供必要的支持和帮助。这些措施的实施，企业不仅提高了员工的技能和能力，还让员工感受到了企业的关心和支持，从而更加积极地投入工作中。

"为员工的心灵遮风挡雨"不仅是一个优秀管理者应该具备的基本素质，也是企业能够凝聚人心的重要措施。只有关注员工的心理健康和情绪状态，提升员工的幸福指数，企业才能在激烈的市场竞争中不断提升整体绩效，并增强综合竞争力。

第四章
团队塑造：通过共识管理聚合人心

在管理工作中，管理者要倾听多方声音，倡导开放的工作氛围，使每个人都有表达和参与的机会。通过建立共识，可以有效统一团队的行动方向，使内部摩擦减少，人心更加聚合，团队不断进步，共同迎接未来的挑战。

建立明确的目标

在组织行为学中，目标设置理论一直是核心议题。在企业管理与团队建设工作中，明确的目标是至关重要的。目标是组织和个人发展的驱动力，一个清晰、具体、可衡量的目标可以帮助团队成员克服困难，凝聚团队力量，激发成员的积极性和创造力，从而实现团队和个人的目标。

目标是团队努力的方向，是衡量工作进展的标准。但必须建立在目标具有明确性之上，否则目标不仅难以起到正向作用，还可能起到副作用。目标设定建议遵循SMART原则，即具体（Specific）、可衡量（Measurable）、可达成（Achievable）、相关性（Relevant）和时限（Time-bound）。

具体是指目标应明确、翔实，易于理解。例如，"提升客户满意度"是一个较为模糊的目标，而"将客户满意度提升至90%"，或者"将客户满意度提升3个百分点"便是一个具体的目标。

可衡量是指目标应有明确的衡量标准，以便评估进度和成果。例如，"继续增强用户满意指数"就是难以衡量的目标，怎样算作"继续增强"了呢？而"去年客户投诉率是3.4%，今年要降低到2.4%以下"就是可衡量的目标。

可达成是指目标应根据团队的能力和资源设定，既不过高也不过低，以确保团队可以达成目标。如果目标让团队感觉使劲跳也够不着，这样的目标不仅没有激励作用，反而造成了更强的心理惰性。如果管理者经常制定难以企及的高目标，那么人心就在管理者的每一次不切实际中失去了。

相关性是指目标应该与团队的整体战略和价值观相关，要符合团队的发展方向。这一点在实际操作中经常被忽视，团队总是走着走着就失去了最初的方向，虽然战略和价值观还在那里，但是却已经被遗忘了。失去了战略和价值观庇佑的团队，即便再用力，人心也难以聚拢，因为早已没有了统一的目标和方向，每个人都在各自为战。

时限性是指目标应该有一个明确的完成时间，使团队成员能够合理安排时间，确保实现目标。这一点很多管理者确实注意到了，但是却注意不到症结，确定时间安排得是否合理且员工能否按时完成任务，需要结合目标的具体性、可衡量性、可达成性而定，否则对目标完成期限的限定就是空中楼阁，会让员工无从发力。

相信很多管理者都明白用目标聚拢人心，但有人总也做不到，就是因为缺乏上述制定目标的五项原则中的某一项或某几项或全部。一个含混不清且难以把控、又难以实现的目标，如何能将人心聚拢呢？这显然是不现实的。明确的目标不仅仅是一个数字或一个方向，它更关乎对团队成员心意的把握。在管理中，真正重要的是把握"人心"。想要把握人心，不仅需要理解人的需求和动机，还需要懂得如何激励人，使员工感到受到重视和获得支持。目标是管理人心的关键手段，一个好的目标能够激发员工的工作热情和奉献精神。人心需要有明确的指向和战斗的力量才可聚拢，也就是说，人们愿意为有希望的目标去奋斗。

在明确了目标之后，管理者还需要确保所有成员都对目标有清晰的认识，并且明白自己的角色和应承担的责任。通过定期回顾和更新目标，团队可以保持对目标的关注，确保工作始终朝着预期的方向发展。

某互联网公司拥有一支高效的产品开发团队，该团队之所以能够取得一系列成功的产品开发成果，关键是因为其做到了明确的目标、良好的团队塑造以及有效的共识管理。

该团队设定的目标非常明确和具体：在未来的12个月内，开发一款新的移动应用产品，实现用户注册数达到100万人，平均活跃度达到60%。这一目标符合SMART原则中的具体性、可衡量性和时限性要求。为了达成这一目标，该团队需要进行一系列的产品开发和运营活动。这需要所有成员对目标有清晰的认识，并进行详细分工，划分权责利。因此，该团队的领导经常组织召开培训会和分享会，让成员更加了解产品的定位、市场需求以及运营策略等信息。同时，还制订出详细的工作计划，确保每个成员都清楚自己的工作任务和时间节点。

在团队塑造方面，该团队注重培养团队协作精神。鼓励成员之间的交流和合作，通过建立有效的沟通机制，定期召开团队会议，分享各自的工作进展和遇到的问题。这样不仅增进了团队成员之间的了解和信任，还有助于及时发现和解决问题，推动项目顺利进行。

此外，该团队还非常重视共识管理。在做出每个重要决策之前，团队领导都会组织讨论和征求意见，确保所有成员都能发表自己的看法和建议。通过开放、平等的讨论，团队最终能够达成一致意见，作出明智的决策。这不仅提高了决策的质量和效率，还增强了团队的凝聚力和向心力。

经过10个月的努力，该团队成功地开发出了一款备受欢迎的移动应用产品，实现了既定的目标。用户注册数达到了预期的100万人，平均活跃度也超过了预期的60%。这一成果的取得得益于团队明确的目标、良好的团队塑造以及有效的共识管理。

通过制定明确的目标，团队能够凝聚力量，朝着同一方向努力；通过团队塑造，能够培养良好的团队文化和氛围；通过共识管理，能够提高决策质量和效率，增强团队的凝聚力。在这个过程中，管理者的领导力、沟通能力和对团队成员的了解都得到了提升和发展。最后说明，建立明确的目标不仅是为了实现组织目标，更是为了建立高效、和谐、富有创新精神的团队文化。

拥有共享机制的氛围

共享不仅是一种经济行为，更是一种文化、一种氛围。当企业内部的员工能够真正地共享信息、知识和资源时，团队的凝聚力、工作效率和创新力都会得到显著提升。

一支优秀的团队，不仅需要每个成员具备专业能力，更需要他们能够开放心态、共享资源，共同应对挑战。

首先，共享机制推动了合作和成功。共享机制鼓励团队成员分享信息和资源，促进更高效的协同工作。这样既有助于避免"信息孤岛"的出现，还能充分利用每个团队成员的专业知识、技能，实现协同创造的力量。

其次，共享机制建立了信任基础。成员之间的信任是团队协作的基石，而通过分享信息、经验和见解，团队成员能够更好地理解彼此，从而建立起更为稳固的信任关系。有助于提高团队的凝聚力，使其更具弹性和适应性。

再次，共享机制激发了团队成员的创新和解决问题的能力。当团队成员在一个具有开放性、支持性、共享性的环境中工作时，更倾向于提出新的想法、尝试创新方法，并愿意共同解决困难。这让团队在面对挑战时更具应变能力，助力团队在竞争激烈的环境中保持屹立。

最后，共享机制培养了团队的凝聚力。当团队成员感受到他们的贡献和意见受到重视时，更有可能对团队的目标产生共鸣，并全力以赴地为之努力。这种共同的目标感和责任感有助于形成一支有凝聚力的团队，提高整体绩效。

综上所述，团队拥有共享机制不仅促进了信息的流动和资源的共享，还建立了信任基础，激发了创新和提高了解决问题的能力，最终培养了团队的凝聚力，使其更具竞争力和适应性。

为了更具体地说明拥有共享机制的氛围对企业发展的重要性，以下将介绍一个企业的成功案例。

谷歌公司（Google）作为全球领先的科技企业之一，其成功的关键在于拥有一个充满共享机制的氛围。谷歌倡导开放、自由的文化，鼓励员工积极参与创新和分享。

在团队管理方面，谷歌采用扁平化的组织结构，减少层级关系，使信息流通更加顺畅。公司鼓励跨部门合作，勇于打破传统部门壁垒，促进资源的共享与整合。同时，谷歌注重培养团队的多元化，通过吸纳不同背景、专长的员工，促进创意碰撞和知识交流。这种团队文化使谷歌能够快速应对市场变化，不断推出引领行业的新产品。

在人心管理方面，谷歌关注员工的成长与发展。公司提供丰富的培训资源，支持员工的个人项目和创新想法。同时，谷歌倡导平等、公正的企业文化，让员工感受到自己的声音被重视。此外，公司还为员工提供良好的福利待遇和舒适的工作环境，使他们能够全身心地投入工作中。这种以人为本的管理理念不仅增强了员工的忠诚度，还吸引了全球顶尖人才的加入。

正是由于注重共享机制的氛围建设，使得谷歌成为全球最具创新力和竞争力的企业。谷歌的成功也充分证明了共享机制对企业持续发展的重要性。

团队拥有共享机制的氛围不仅促进了信息的流动和资源的共享，还建立了信任基础，培养了团队的凝聚力，使其更具竞争力和适应性。同时，企业还应不断适应市场变化和满足时代发展的要求，持续优化和完善内部管理机制，为员工的成长和企业的永续发展注入不竭动力。

倡导学习和成长

团队塑造是一个关键的管理过程，倡导学习和成长是团队塑造的核心原则。学习不仅是为了应对当前的工作挑战，还是为了不断提升个人和团队的能力，以适应未来的发展需求。一支优秀的团队应该是由一群不断学习、不断成长的人组成的。富有学习力和成长力的团队，则可帮助企业在时代的大变局中稳步前行，保持竞争优势。

某互联网公司成立于2010年，专注于为中小企业提供在线营销解决方案。随着市场的不断变化和技术的不断创新，公司创始人意识到，只有不断学习和成长的团队，才能在激烈的市场竞争中立于不败之地。

该互联网公司明确了团队学习和成长的目标。一个优秀的团队不仅需要具备专业的技能和知识，更需要对新事物保持开放的态度和持续学习的精神。因此，公司分别制订了长期和短期的学习计划，为各部门、团队成员提供了丰富的学习资源和培训机会。这些学习计划不仅包括专业技能的提升，更涵盖了团队协作、沟通技巧、领导力等多个方面。

该互联网公司建立了扁平化的组织结构，鼓励员工积极参与决策和发表意见。这种组织结构不仅提高了工作效率，更激发了员工的学习热情和创新精神。此外，公司还推行内部轮岗制度，让员工在不同的岗位上工作，培养其多样化的技能和视角。通过这些措施，各部门、团队成员逐渐养成了自主学习、自主创新的良好习惯。

该互联网公司强调实践与反思相结合的学习方式。公司认为，只有在实践中不断反思和总结，才能真正实现学习和成长。因此，公司鼓励员工在实际工作中勇于尝试和探索，同时要求员工在项目结束后进行反思和总结，提炼经验和总结教训。通过这种方式，各部门、团队成员不仅能及时发现自己的不足之处并加以改进，还能够相互学习、相互借鉴。

经过一段时间的努力，该互联网公司的团队塑造取得了显著的成效。员工的专业素养和工作能力得到了显著提升，各团队的创新能力和凝聚力、企业的整体凝聚力都得到了进一步增强。同时，公司的业绩也得到了持续增长，客户满意度不断提高。更重要的是，公司形成了一种倡导学习和成长的文化氛围，这种文化氛围成为公司持续发展的强大动力。

通过对该案例的详细分析，可以从中吸取到很多实用的经验，为了让大家更深刻地理解，在此进行一些相关实践的总结，但总结的范围就不仅限于对该案例的分析，还将扩展到更广阔的管理领域。通常倡导学习和成长的团队塑造离不开"建立→打造→培养→激励"这个流程。当企业完成了这个流程后，就会收获到相应的优势（见图4-1）。

（1）建立学习文化。在企业内部推广学习文化，通过举办各类培训、讲座和实践教学等方式，鼓励员工持续学习和自我提升。同时，企业还可设立学习基金，为员工提供外部培训和进修的机会。这些举措可让员工逐渐树立起学习意识，主动去学习新知识、新技能。

（2）打造学习型团队。鼓励员工在企业内部共享知识和经验，促进跨部门合作和学习。企业须设有专门的沟通交流平台，如内部论坛、微信群、QQ群等，方便员工随时随地分享心得和见解。企业还应定期组织知识分享会，邀请内部专家和外部讲师为员工授课，提升团队整体素质。

（3）培养学习导向的领导力。企业为管理者提供培训和辅导，帮助他们成为激励学习的榜样。在实际工作中，管理者要带头学习，积极参与团队讨论，引导员工解决问题，不断提升团队能力。

（4）激励学习和知识分享。企业须设立一套激励机制，奖励那些积极学习和分享知识的员工。例如，企业通过设立"优秀学习者""最佳团队"等荣誉称号，对表现突出的个人和团队给予表彰和奖励。这样的举措可以激发员工的学习热情，促进知识在企业内部的传播。

01 团队可以更快速地在实践中不断反思和总结，有助于减少工作中的出错概率

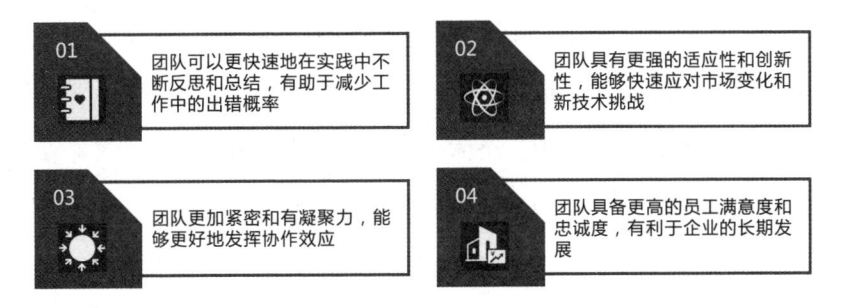

02 团队具有更强的适应性和创新性，能够快速应对市场变化和新技术挑战

03 团队更加紧密和有凝聚力，能够更好地发挥协作效应

04 团队具备更高的员工满意度和忠诚度，有利于企业的长期发展

图4-1　倡导学习和成长型团队的优势

本节中的案例公司为我们提供了宝贵的启示：在当今市场竞争激烈的环境中，企业要注重团队建设，倡导学习和成长。只有这样，企业才能在变革中不断提升竞争力，实现基业长青。

企业应该积极营造学习和成长的文化氛围，以此激发员工的潜力和创造力，为员工提供发展平台，从而实现企业与员工的共赢。在这个过程中，企业需要不断创新管理理念和方法，以适应市场变化和企业发展。通过团队塑造，企业将拥有一支富有战斗力和创新精神的团队，为企业的长远发展保驾护航。

增强自主意识

在高度竞争的商业环境中，团队的成功不仅取决于个体的能力和贡献，更依赖于整个团队的自驱力和自主意识。一支具有自主意识的团队，能够更好地适应变化，提高工作效率，实现创新。本节将深度探讨如何增强团队的自主意识，从培养个体自主意识、建立团队自主运行机制、塑造团队自主文化、赋予个体信任和自主权、激励个体不断学习和成长、激发团队创新能力、培养团队合作精神、强化领导力与执行力等方面展开讨论。

（1）培养个体自主意识。个体是构成团队的基本单元，培养个体的自主意识是提升团队自主意识的关键。管理者应鼓励员工积极主动地承担责任，发挥主观能动性，对自己的工作有深入的理解和掌握。同时，要给予员工充分的信任和授权，激发他们的内在动力，让他们在工作中展现自我价值。

（2）建立团队自主运行机制。在个体自主意识得到培养的基础上，团队应建立一套自主运行机制。包括明确的职责分工、清晰的目标设定、合理的资源分配、有效的沟通协调等。通过这套机制，团队成员能够在日常工作中根据实际情况灵活调整策略，自主应对各种变化和挑战。

（3）塑造团队自主文化。团队文化是团队成员共同认可和遵循的价值观念和行为准则，对团队的凝聚力和向心力有着至关重要的作用。要塑造一种鼓励独立思考、鼓励主动创新、鼓励相互协作的文化氛围，使团队成员在这种文化氛围中自觉地发挥自主意识，积极地为团队的成功贡献力量。

（4）赋予个体信任和自主权。信任是团队成员之间相互尊重、信赖的基础。管理者应当充分信任团队成员，给予他们足够的自主权，让他们在工作中发挥自己的专长和创造力。这样，团队成员才会感到自己被尊重和认可，从而更加积极地投入工作中。

（5）激励个体不断学习和成长。学习是提升团队成员综合素质的有效途径。管理者应当营造一个持续学习、不断进步的氛围，鼓励团队成员参加培训、分享经验，提升自己的专业技能和综合素质。通过学习，团队成员可以不断提高自己的能力，为团队的发展做出更大贡献。

（6）激发团队创新能力。创新是团队持续发展的动力源泉，要鼓励团队成员敢于挑战传统思维，勇于尝试新的方法和策略。同时，要营造一个支持创新的氛围，让每个人都有机会展示自己的创新成果。通过激发团队创新能力，推动团队的持续发展和进步。

（7）培养团队合作精神。团队合作是实现团队目标的重要保障，要注重提升团队成员的沟通能力和协作精神，让他们在工作中能够相互支持、相互配合。同时，要建立一种公平、公正的激励机制，让每个人都有机会在团队中发挥自己的价值。通过培养团队合作精神，增强团队的凝聚力和战斗力。

（8）强化领导力与执行力。领导者应以身作则，发挥示范作用，引导团队成员积极履行职责。同时，要建立一套科学的管理制度和工作流程，确保团队的各项工作得到有效执行。通过强化领导力与执行力，推动团队的持续发展和成功。

综上所述，增强团队自主意识是一个系统工程，需要从多个方面入手。下面以甲骨文公司为例，看看其如何通过一系列举措增强团队的自主意识。当然，甲骨文公司所采取的措施并不与上述方面完全一致，其他企业在实施时也要结合自身经营的实际情况，不能照本宣科。我们强调增强团队自主意识的宗旨是，通过逐渐强大的个体提升团队的综合能力，当团队更加强大了，也更有利于个体发挥能力和获得价值，进而提升团队的向心力和凝聚力。

甲骨文公司（Oracle Corporation）成立于1977年，作为一家拥有深厚技术底蕴的公司，甲骨文一直致力于为客户提供全面的云计算解决方案。在竞争激烈的市场环境中，甲骨文一直坚持培养公司内部的各类团队的自主意识，让所有团队都能最大限度发挥能力，为企业持续发展提供动力。甲骨文公司增强团队自主意识的做法如下。

◆赋予员工决策权——在公司的日常运营中，管理层鼓励员工在各自岗位上发挥主观能动性，对于一些日常决策，员工可以根据自己的判断和实际情况进行处理，无须层层上报。这种信任和放权让员工感受到了公司的尊重和信任，激发了他们的工作积极性和自主意识。

◆建立明确的愿景和目标——甲骨文公司制定了明确的愿景和目标，

并将其传达给每一位员工。公司强调，每个人都肩负着实现愿景和目标的责任。通过这种方式，员工能够更好地理解公司的发展方向，将个人发展与企业目标紧密结合，从而提高团队的自主意识。

◆培养跨部门协作精神——在甲骨文公司，跨部门协作被视为企业发展的关键。公司通过组织定期的跨部门培训和交流活动，让员工了解其他部门的工作内容和流程，促进各部门之间的沟通与协作。这种跨部门协作的精神使员工更加注重团队整体利益，提高了团队的自主意识。

◆鼓励创新和持续学习——甲骨文公司为员工提供了丰富的培训和晋升机会，鼓励员工不断提升自己的专业技能。同时，公司倡导创新文化，鼓励员工在工作中勇于尝试新方法，为企业的未来发展贡献力量。这种注重创新和持续学习的企业文化，使员工更加坚定了自主发展的信念。

◆实施绩效管理体系——甲骨文公司实施了一套科学的绩效管理体系，将员工的绩效与企业的整体业绩挂钩。公司通过设定明确的目标和考核标准，让员工明白自己的工作对企业的重要性。这种绩效管理方式激发了员工的积极性和自主意识，使他们更加关注团队的业绩。

在未来，增强团队自主意识将成为企业竞争力提升的关键。通过借鉴甲骨文公司的成功经验，其他企业可以逐步实现团队自主意识的提升，为企业的持续发展奠定坚实基础。

提升能力与信心

随着全球经济的发展和竞争的加剧,企业团队的能力和信心的重要性日益凸显。一支富有能力且充满自信的团队,不仅能高效地完成工作任务,还能在应对各种挑战时保持敏捷,积极主动地抓住市场机会,并持续改进自身以适应不断变化的环境,确保企业在激烈的市场竞争中占据优势。

某企业成立于20世纪90年代,是一家专注于研发、生产和销售高科技产品的企业。在过去的20年里,该企业经历了快速的发展,成为行业的领导者。然而,随着市场竞争的加剧,该企业面临着前所未有的挑战。为了保持竞争优势,该企业决定提升团队的能力与信心,以应对日益激烈的市场竞争。

团队能力分析:

◆技能水平——企业的团队成员在专业技能方面的基础较为扎实,大多数员工具备较高的学历和专业背景。然而,随着技术的不断迭代和更新,部分员工的专业技能出现了滞后的现象。

◆团队协作——企业的团队成员之间的沟通和配合较为顺畅,但存在着一定程度的资源浪费和信息不对称问题。

◆创新能力——企业的团队成员在创新能力方面表现较弱,部分员工过于依赖传统思维，缺乏敢于尝试和突破的精神。

团队信心分析：

◆企业认同感——企业的团队成员对企业的认同感较强，大多数员工对企业的发展前景充满信心。

◆个人信心指数——企业的团队成员普遍存在一定程度的信心不足，特别是在面对市场竞争和新技术挑战时。

为了提高团队的能力与信心，该企业采用了多种策略，其核心分为提升技能→优化协作→激发创新→强化信心四个部分，具体内容如下。

◆提升团队技能水平——开展内部培训。企业定期组织专业技能培训，帮助员工更新知识，提高技能水平。鼓励员工深造。企业鼓励员工参加在职研究生、技能认证等深造项目，提高个人综合素质。

◆优化团队协作——加强沟通与协作。企业鼓励团队成员之间的沟通与协作，提高信息传递效率。合理分配资源。企业根据项目需求，合理分配资源，确保团队成员能够充分发挥自身优势。

◆激发创新能力——营造创新氛围。企业鼓励员工敢于尝试，敢于创新，为员工提供创新的平台和机会。建立创新激励机制。企业对创新成果给予奖励，激发员工的创新积极性。

◆增强团队信心——强化企业文化建设。企业通过举办各类活动，强化企业文化建设，提高员工对企业的发展信心。树立榜样力量。企业表彰优秀员工，树立榜样力量，激发员工的积极性和自信心。

经过一年的努力，该企业在团队能力和信心方面取得了显著成果。团队成员的专业技能得到了提升，团队协作更加顺畅，创新能力显著增强，员工对企业的发展信心也更加坚定。

本案例表明，提升团队的能力与信心是企业持续发展的关键。在具体实践中，企业需要根据自身的特点和需求选择适合的策略来提升团队的能力与信心。其中的核心是以下几点。

（1）目标明确。企业在提升团队的能力与信心的过程中，需要设定明确的目标和方向。这样有助于员工了解企业的期望和要求，使他们能够更好地适应企业的战略发展需要。

（2）持续改进。企业需要不断关注员工的成长和发展需要，提供适当的培训和支持。同时，还需要定期评估团队的绩效和能力水平，针对不足之处进行改进和提高。

（3）激发创新。企业需要鼓励员工积极思考、勇于尝试新的方法和思路，激发他们的创新意识和创造力。这样可以提高团队的竞争力，并为企业创造更多的商业机会。

（4）培养人才。企业还需要注重培养人才梯队，通过发掘和培养有潜力的年轻员工或基层员工，建立完善的人才储备机制，确保企业的人才资源能够满足未来发展的需求。

因此，企业需要采取多种策略来提高员工的综合能力与信心。在这个过程中，企业需要关注员工的成长需求和情感状况，建立积极向上的团队文化，提供持续的培训和发展机会。只有这样，企业才能打造出一支高效、有信心、有战斗力的团队，使企业在激烈的市场竞争中屹立长存。

冲突管理，快速反应

团队建设中，冲突是难以避免的现象。有效的冲突管理不仅能够化解团队内部的矛盾，提高团队的凝聚力和工作效率，还能促使团队成员共同成长，实现共同目标。本节将通过一个具体的案例分析，探讨冲突管理在团队建设中的重要性，以及如何实现快速反应和有效解决冲突的方法。

某软件开发团队在项目开发过程中遇到了严重的进度延误问题。团队成员之间存在意见分歧，部分成员对另一部分成员的工作提出疑问，导致整个团队处于紧张的工作氛围中。面对这一冲突，团队负责人需要采取有效措施来解决这一问题，确保项目按时完成。

冲突产生的原因：

◆任务分配不明确。团队成员之间没有明确的职责划分，导致工作重复和资源浪费。

◆沟通不畅。团队成员之间缺乏有效的沟通，信息传递受阻，导致工作出现延误和产生误解。

◆目标分歧。团队一部分成员更注重创新，另一部分成员则更注重用户体验和稳定性。

◆工作压力过大。项目时间紧迫，工作压力大，导致团队成员情绪紧张，容易引发冲突。

冲突的表现形式：

◆言语冲突。团队成员之间互相指责、质疑对方的工作能力和诚信度。

◆行动冲突。部分成员拒绝与其他成员合作，导致工作无法开展。

◆情绪冲突。团队成员之间互相猜疑、产生敌对情绪，影响团队的和谐氛围。

解决冲突的必要性：

◆提高团队效率。解决冲突有助于消除内耗，使团队成员集中精力完成工作任务。

◆维护团队和谐。良好的冲突管理有助于建立积极向上的工作氛围，增强团队的凝聚力。

◆促进个人成长。通过解决冲突，团队成员可以提升沟通技巧和解决问题的能力，实现个人成长。

为了解决这一冲突，团队负责人立即采取行动，暂停项目进度，以平复情绪，并采取了以下措施：

◆明确任务分配。重新梳理项目需求，明确各成员的职责和工作范围，确保工作有序进行。

◆引导沟通交流。组织团队会议，鼓励团队成员主动分享进展、交流问题、提出解决方案。通过有效沟通消除误解，提高工作效率。

◆统一目标方向。引导团队成员从团队整体利益出发，重新审视产品设计的目标，使大家在目标上达成一致。

◆缓解工作压力。合理安排工作时间和任务量，减轻团队成员的工作压力。同时，帮助团队成员学会有效的时间管理和掌握工作优先级安排技巧。

◆建立反馈机制。鼓励团队成员及时提出对其他成员工作的反馈和建议,通过相互监督和帮助来提高整体效率。

◆解决个性冲突。对于因个人性格差异引发的冲突,需要进行调解和疏导。通过沟通、教育和培训,帮助团队成员学会尊重和理解他人的观点和风格。

◆关注情感关怀。除了解决工作层面的冲突,项目负责人还需要关注团队成员的情感需求。提供必要的支持和鼓励,帮助他们克服困难、增强信心,从而更好地应对工作中的挑战。

◆调整领导方式。作为团队负责人,要不断反思自己的领导方式和效果。根据团队的实际情况及时调整管理策略和沟通方式,以确保团队的稳定性和高效率。

通过上述案例分析,可以看到冲突管理在团队建设中的重要性以及快速反应的必要性。有效的冲突管理能够化解矛盾、提高团队的凝聚力和工作效率;而无效的冲突管理则可能导致团队分崩离析、工作停滞不前。

当沟通在团队内部已经无法解决问题时,可以考虑引入其他有经验的同事或专业协调人员来协助处理冲突。他们作为旁观者,立场会更为客观,可以帮助矛盾各方重新审视问题,寻找最佳解决方案。

综上所述,作为团队负责人或管理者,必须具备全面管理冲突的能力,快速解决冲突的意识,并且掌握化解矛盾的方法和技巧,从而为团队创造一个和谐、积极、高效的工作氛围。

第五章
发展人才：通过共同成长提振人心

　　发展人才是管理中的重要使命，是提振团队士气、激发创新动力的关键。一个优秀的管理者应当关注员工的个人成长，帮助员工缓解压力，营造一个和谐、积极的工作环境，为员工提供充分的发展机会。

发现人才期望的价值

在任何时代下,企业的成功与否,在很大程度上都取决于其人才队伍的素质。一家企业的价值,不仅体现在它的产品、服务或是品牌上,更在于其团队中所蕴含的巨大潜能。那么,如何发现并激发这些人才的潜在价值,成为摆在每一个管理者面前的难题和挑战。

要激发人才的潜能,首先要理解他们内心的期望。每个人都有自己的职业目标和追求,这些追求不仅是薪水,还包括成长空间、工作环境、文化匹配等多个方面。有效的管理,应当关注员工的需求,倾听他们的声音,这样才能精准地为他们提供所需的支持。

著名咖啡连锁品牌星巴克就是一个很好的例子。创始人霍华德·舒尔茨深知员工对于工作环境和职业发展的期望,因此,除了提供具有竞争力的薪酬,还为员工设计了丰富的培训计划和晋升通道。星巴克的领导层也都具备这样的认知:只有当员工感受到自己在企业中的成长,才会产生自驱力。这种以人为本的管理理念,让星巴克在业界享有良好口碑,并成为许多年轻人向往的工作场所。

然而,很多企业在实际的人才管理中,却常常会忽视这一点。企业管理层只关注企业的目标和需求,而忽视了员工的期望和感受。这导致员工的积极性和工作效率降低,甚至可能造成人才流失。因此,管理者必须转变观念，将目光投向员工内心的期望，帮助他们实现自己的价值。

为了做到这一点，管理者需要与员工进行深入的沟通。了解他们的工作期望、职业规划以及对企业的期望和建议。这种沟通必须是双向的，管理者不仅要聆听员工的声音，也要将自己的想法和战略与员工分享。通过这样的对话，企业可以找到与员工需求的交集，从而为他们提供最合适的支持和激励。

另外，对于员工的期望要给予正面的回应。对于合理的期望，企业应当设法满足；对于那些目前无法满足的期望，也应当坦诚地沟通和解释原因。这样可以增强员工对企业的信任和忠诚度。当员工感受到企业尊重他们的意见和需求时，他们会更加愿意投入工作，为企业的成功付出努力。

在激发人才的价值时，企业还需要注意建立一个公平、透明的选拔机制与激励机制，包括薪酬体系、晋升机会、奖金制度等方面，让员工有机会通过自己的努力获得晋升。公平的、长效的、常态化的选拔机制与激励机制，可以有效地激发员工的积极性和创造力，促使他们发挥出自己的最佳水平。例如，星巴克非常注重内部培养，鼓励员工从内部晋升，从而激发员工的工作积极性和潜能。又如，华为非常注重激励机制的公平与透明，根据员工的绩效表现和贡献来设定薪酬和奖金，同时为员工提供了丰富的职业发展机会。这种公正的激励机制使得华为在全球范围内吸引了大量优秀人才，为其持续的成功奠定了坚实的人才基础。

发现并满足人才的期望，是激发他们潜在价值的关键所在。作为管理者，必须深入了解员工的内心需求，与他们进行真诚的对话，为他们提供合适的发展机会和激励。只有这样，企业才能构建一支高效、忠诚的人才队伍，在激烈的市场竞争中赢得一席之地。让我们共同努力，为每一个人才的成长和发展创造更好的条件，为企业创造更大的价值。

不轻视每一位员工的潜能

企业若想在竞争激烈的环境中保持持续发展，就必须充分挖掘和发挥每一位员工的潜能。员工是企业最宝贵的资源，每一位员工都有其独特的才能和潜力，关键在于如何去发现和激发。

要激发员工的潜能，首先要了解他们的特长和兴趣。通过提供适当的培训和学习机会，帮助员工提升专业技能和知识水平。同时，鼓励员工积极参与到公司的决策和管理中，提高他们的责任感和归属感。

建立有效的激励机制，是对员工努力工作的认可和鼓励。这种机制应包括薪酬、奖金、晋升等多个方面。通过激励，使员工感受到自己的价值，从而提升士气提振人心。

良好的企业文化能激发员工的创造力、协作精神和归属感。通过组织各种团队活动，增强员工之间的交流与合作，提高团队的凝聚力。

某知名互联网公司，在国内市场占有率逐渐提高，公司规模不断扩大，员工人数也日益增多。随着公司的发展，公司高层发现，员工的工作积极性、创造力以及团队凝聚力逐渐下降，这严重影响了企业的进一步发展。为了解决这个问题，公司高层决定从员工潜能挖掘入手，尝试进行一系列改革，为此，他们采取了以下措施。

◆尊重员工个性，提供多元化发展机会——公司高层意识到，员工潜能的发挥与员工的个性、兴趣和特长密切相关。因此，公司开始尊重员工的个性，为员工提供多元化的发展机会。例如，在内部开展各类培训、选拔优秀员工参与国际项目、为有特殊才能的员工提供晋升通道等。这些举措让员工感受到了公司对他们的重视，激发了员工的工作热情。

◆创设良好的工作环境，提升员工幸福感——公司通过优化办公环境、提高福利待遇、增加员工休息时间等方式，提升员工的幸福感。在此基础上，公司还注重营造积极向上的企业文化，让员工在愉悦的氛围中工作，从而更好地发挥潜能。

◆建立健全激励机制，激发员工潜能——公司调整了原有的薪酬体系，加大了对优秀员工的奖励力度。同时，引入竞争机制，让员工在良性竞争中不断提升自己。此外，公司还重视对员工的精神激励，通过表彰、座谈会等形式，让员工感受到公司的认可和关爱。

◆加强团队建设，提升团队凝聚力——公司通过组织团队活动、加强部门间的沟通与合作、设立团队奖励等方式，提升团队凝聚力。员工在团队中找到了归属感，更加愿意发挥自己的潜能，为团队和企业的发展贡献力量。

通过这些实践，该公司的员工满意度和忠诚度得到了显著提高，公司的整体绩效也取得了长足进步。这种实践充分证明了不轻视每一位员工潜能的重要性和价值。

随着市场竞争的不断加剧，企业需要更加重视员工的潜能开发。通过激发员工的潜能，提高他们的能力，建立有效的激励机制以及营造良好的企业文化，可以帮助企业实现与员工的共同成长。这不仅可以提高企业的竞争力，还可以提振人心，增强企业的凝聚力。

每一位员工都是企业宝贵的财富，企业应当充分认识到员工潜能的重要性,从而不断探索和挖掘员工潜能的有效方法。在未来,企业应持续关注员工的需求和期望,不断完善和调整相关政策和措施。只有这样,才能真正实现企业和员工的共赢,共创美好未来。

助力人才实现更高级的内在需求

随着社会的发展和经济的进步,人们对于自我实现和自我成长的需求越来越强烈。管理人心,就意味着不仅要关心员工的基本需求,更要助力他们实现更高级别的内在需求。因此,在现代企业管理中,如何满足员工的这些内在需求,激发他们的工作热情和创造力,成为管理者必须面对和解决的问题。本节将探讨如何以管理人心为核心,激发人才的潜力,促使其实现更高级别的内在需求。

首先,了解个体的动机和价值观是助力人才实现更高级内在需求的基础。每个员工都有独特的内在动机和价值观,通过深入沟通,管理者可以了解到员工的职业目标、个人追求以及对工作的热情,从而为其提供更有针对性的激励和支持。

其次,提供发展机会和培训是助力人才实现更高级内在需求的重要手段。人才通常渴望在工作中得到不断学习和成长,因此企业必须满足其对知识和技能的追求,提供具有挑战性的任务、培训课程和职业发展计划,从而激发员工内在的学习欲望,使其在职业发展中更上一层楼。

再次,设定明确的目标和期望也是助力人才实现更高级内在需求的关键。员工通常希望自己的工作有一定的挑战性，通过设定明确的目标，可以激发员工的责任心和工作动力。管理者应该与员工共同制定具体的目标，并提供相应的资源和支持，使其在努力实现目标的过程中体验到成就感。

最后，注重员工的工作和生活之间的平衡也是助力人才实现更高级内在需求不可忽视的方面。为员工提供弹性工作时间、健康关怀以及其他福利措施，有助于满足其对生活质量和平衡的需求。一个关心员工全面福祉的企业文化，能够让员工更加投入工作，从而更好地实现其内在需求。

总之，以管理人心为核心，助力人才实现更高级别的内在需求，是建设健康、稳定团队的关键所在。

某大型制造企业拥有庞大的员工队伍，近年来员工流失率居高不下，这是必须解决的问题。经过深入调查，企业管理层发现员工最关心的问题是个人成长和职业发展。于是，该企业决定采取一系列措施来满足员工的这一需求。

◆建立清晰的职业发展通道——企业对现有岗位进行梳理，明确各岗位的晋升通道和发展空间。员工可以根据自己的兴趣和特长，选择适合自己的职业发展方向。同时，企业定期发布内部招聘信息，为员工提供更多的晋升机会。

◆提供培训和学习机会——企业了解到，员工希望通过不断学习来提高自己的职业竞争力。于是，企业设立了专项培训基金，定期组织内外部培训、分享会等活动，为员工提供丰富的知识资源和交流平台。

◆鼓励创新和自主管理——为了激发员工的创造力和自主性，企业推出了创新奖励计划，鼓励员工提出新的想法和解决方案。同时，企业还推行自主管理策略，让员工参与到部门或团队的管理中，提高员工的责任感和参与度。

经过一段时间的实施，该企业发现员工的工作积极性得到了显著提高，流失率也有所下降。具体表现在以下几个方面。

◆员工满意度提升——通过问卷调查和员工访谈的方式，企业明确掌握了员工对企业的态度，即员工认为企业在关心他们的成长和发展方面做出了积极努力，对企业的认同感和归属感增强了。

◆业绩稳步增长——随着员工工作积极性的提高，企业业绩实现了稳步增长。各部门的工作效率和质量都有了明显提升，客户满意度也得到了增强。

◆创新能力增强——企业推出的创新奖励计划有效激发了员工的创造力，员工因此提出了许多有价值的想法和解决方案，为企业的产品和服务带来了新的突破。

◆人才储备丰富——通过建立清晰的职业发展通道和提供培训机会，企业培养了一批优秀的人才。这些人才不仅在各自的岗位上表现出色，还为企业未来的发展提供了强有力的支持。

通过上述案例分析，可以看到满足员工的内在需求，对于提高员工的工作积极性和企业整体效益具有重要意义。随着社会的发展和员工需求的不断变化，企业领导者需要持续关注员工的内在需求，不断创新和完善管理方式，以更好地激发员工的潜力，并推动企业的发展。

鼓励员工自主设定与实现目标

在传统的管理模式中,管理者往往会通过下达任务和设定目标的方式来引导团队。然而,现代管理则越来越强调员工的自主性和创造力,认为通过让员工参与目标设定的过程,可以更好地激发其潜能,提高工作的积极性和主动性。

为什么一定要强调"鼓励员工自主设定与实现目标"呢?因为每个人都希望自己是有价值的,每个人也希望自己的价值能得到体现,并能收获认可。管理人心的一个很重要的方面是在激发员工内在动机的同时,给予他们更多的自主权利,让他们参与目标设定的过程,从而更好地实现个人和组织的长期发展。

在这方面也有相关理论的支撑。自我决定理论认为,个体的行为和动机受到三种基本心理需求的驱动,即自主性、能力感和归属感。当员工感到他们有权利做出自主决策时,则有可能在工作中体现出更高的动机和创造力。因此,通过鼓励员工自主设定与实现目标,可以满足其自主性的需求,从而提升整个团队的绩效。

Google 的著名管理实践之一就是"20% 时间制度",即员工可以用 20% 的工作时间从事自己感兴趣的项目。这种自主权的赋予不仅激发了员工的创新潜力,也促使了一系列成功的产品和服务的诞生,如 Gmail 和

Google Earth。这充分说明，给予员工自主权是一种有效的管理策略，能够在创新和发展方面带来显著的效果。

员工自主设定与实现目标的意义在于以下几个方面。①提高员工的责任感和主动性。当员工自主设定目标时，会更加清楚工作的意义和期望得到的结果，也更有可能对目标的实现负起责任，并在工作中展现出更高的主动性。②促进企业内部创新。在目标的设定和实现的过程中，员工会思考如何改进工作流程、提高工作效率或开发新产品，这无疑将促进企业的创新。③提升团队凝聚力。在目标实现的过程中，员工之间更容易形成默契和协作，从而提升团队凝聚力、增强团队的战斗力。

员工自主设定与实现目标的关键方法如下。

（1）共建目标。鼓励员工参与目标设定的过程并非管理者完全放弃对目标的掌控，而是一种共建的过程。通过与员工进行沟通和协商，明确团队的整体目标，同时为个体设定与之相关的个人目标。在共建目标的过程中，员工能够感受到组织对他们的重视，从而增强员工对整体目标的认同感。

（2）提供资源支持。为了让员工更好地实现设定的目标，管理者需要提供必要的资源支持，包括培训、技术支持、团队协作等方面的支持。确保员工在追求目标的过程中不会因为资源不足而受到阻碍，从而增强其对自主设定目标的信心和动力。

（3）激发团队合作。自主设定目标并不意味着忽视团队合作，反而是鼓励员工在自主设定的目标中，寻找与团队整体目标相契合的点，促进团队协作。通过共同努力实现个人和团队目标，能够更好地激发团队的凝聚力和向心力。

那么，企业应如何实施员工自主设定与实现目标的管理策略呢？我们结合一个具体案例来进行分析。

Zappos 是一家美国的在线鞋类零售商，以其卓越的服务和企业文化而闻名。在 Zappos，员工自主设定与实现目标的管理策略是保证其成功的关键因素之一，其策略实施的几个关键方面如下。

◆赋予员工充分的自主权——在 Zappos，员工被赋予了充分的自主权，员工可以在工作中自由发挥，尝试新的想法和方法。这种自主权使员工感到被信任和尊重，从而更加积极地投入工作。为了支持员工的自主权，Zappos 提供了一系列的培训和发展机会，使员工具备实现目标所需的技能和知识。

◆建立清晰的目标和期望——Zappos 鼓励员工设定明确的个人目标，并与上级领导进行沟通，确保个人目标与企业的战略目标相一致。这种沟通机制有助于员工更好地理解企业的期望，从而更好地设定个人目标。为了支持这一机制，Zappos 提供了一系列的企业使命和目标管理培训，使员工能够更好地设定和实现目标。

◆强化激励机制——Zappos 对于实现目标的员工，提供了丰厚的奖金和其他福利。此外，Zappos 还通过内部认可和表扬的方式，对员工的贡献给予肯定和支持。这种激励机制使员工更有动力去设定和实现目标，同时也提高了员工的工作积极性和工作满意度。

通过以上的分析和案例研究，可以看到在管理人心方面，鼓励员工自主设定与实现目标已经不再是简单的激励手段，更是一种构建积极团队文化的必然选择。对于企业而言，实施这一策略的关键在于正确运用措施，以释放员工的潜能，提高其责任感和创新精神。

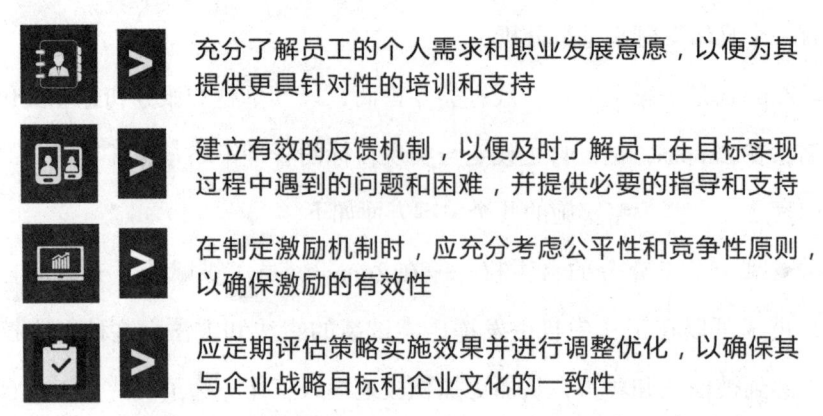

- 充分了解员工的个人需求和职业发展意愿，以便为其提供更具针对性的培训和支持

- 建立有效的反馈机制，以便及时了解员工在目标实现过程中遇到的问题和困难，并提供必要的指导和支持

- 在制定激励机制时，应充分考虑公平性和竞争性原则，以确保激励的有效性

- 应定期评估策略实施效果并进行调整优化，以确保其与企业战略目标和企业文化的一致性

图5-1 企业在实施"鼓励员工自主设定与实现目标"策略的注意事项

在任何时代，人力资源都是企业最重要的资产。所以，如何激发员工的创造力和潜能，使其为企业的发展贡献最大的价值，是每个企业领导者必须面对和解决的课题。在众多管理策略中，"鼓励员工自主设定与实现目标"是一种能够激发员工积极性和创新性的有效方法。

通过理论的支持和实践案例的验证，可以看到员工的自主性对于个体和组织的长期发展都具有积极的影响。未来，随着管理理念的不断演进，以管理人心为核心的管理方式将成为组织成功的关键所在，而鼓励员工自主设定与实现目标将是实现这一目标的重要路径之一。

建设性地处理人员错配问题

人员错配是企业中常见的问题之一，它的出现必将引发员工士气低落、工作效率下降和人才流失等负面影响。为了解决这一问题，企业需要采取一系列措施来建设性地解决人员错配问题。

某知名科技公司近年来面临人员错配问题。由于公司快速扩张和业务发展，一些员工被分配到了不合适的岗位，导致工作效率低下和员工士气受损。为了解决这一问题，公司采取了一系列措施，包括员工培训、内部调岗和激励计划等。这些措施有效地提高了员工的满意度和工作效率，使公司业务得以顺利发展。

◆员工培训——公司通过提供技能培训和专业课程，帮助员工提高自身能力和素质，使他们能够更好地适应当前的工作岗位。此外，公司还组织了一系列的职业规划讲座和辅导活动，帮助员工明确自己的职业发展方向，为他们提供更多的发展机会。

◆内部调岗——在员工培训的基础上，公司还根据员工的个人能力和兴趣，将其调整到更合适的岗位上。这一措施不仅有助于提高员工的工作效率，还能激发员工的积极性和创造力，使他们更好地发挥自己的才能。

◆激励计划——公司还推出了一系列激励计划，包括晋升机会、奖金和福利待遇等。通过落实计划，使他们更加努力地工作，提高了工作效率和业绩。

通过以上案例分析可以看出，建设性地解决人员错配问题需要从多个方面入手。该科技公司制定的这些措施有助于解决人员错配问题，提高员工满意度和工作效率，促进公司的可持续发展。因此，管理者的工作重点之一，就是必须做好员工和岗位的匹配，将员工能力和岗位需求完美匹配，这样员工才可以发挥出最大能量。具体做法可参考如下步骤。

第一步，建立人岗匹配的用人机制。用人机制的核心是员工的才能识别与才能分类，因此需要先将各种才能的属性进行分类，再将具有各类才能属性的员工进行分类，由此形成有价值的人才库。

用人机制的基础是建立公平、公正、公开的人才选拔机制。无论是企业内部选拔还是外部招聘，都必须按照规范的选拔流程和明确的选拔标准对人才进行甄别。

用人机制的升级是通过能力评估与岗位实践的双向考量，对人才进行综合性的层级考核。且考核的过程必须透明，只有这样的考核结果才能服众。

第二步，岗位分析。管理者必须按照"岗得其人和人适其岗"的原则，将不同能力值的员工安排到最合适的岗位上。要想达到这个目的，要先了解岗位的具体要求，要先对岗位进行分析。

岗位分析是对某项工作及其相关的内容与责任，给予汇集、研究、分析的过程。岗位分析可解决经营过程中以下四个方面的问题。

（1）岗位性质：各岗位的工作任务和状态，以及执行的具体方法等。

（2）岗位职责：工作范围，责任大小，重要程度等。

（3）岗位关系：相关岗位之间有何种协作关系，协作内容是什么。

（4）岗位要求：每个岗位对员工的具体要求，什么样的人能够胜任这个岗位。

第三步，员工分析。管理者在了解了岗位的相关特点后，还要了解员工的相关特点，具体可通过履历分析、笔试考试、面试交谈、实际操作等步骤完成。

另外，此步骤还要注意，对员工的了解要通过两个方面进行：①硬性方面的条件，包括家庭出身、学历、工作经验、兴趣爱好、专业特长等。②软性方面的状态，包括思想状态、拼搏精神、挑战心理、诚信指数、忠诚与否等。

第四步，进行匹配。在具体工作中，员工是否符合岗位要求会无法保留地呈现出来，但呈现的现象相同，原因却不一定相同。

（1）有的员工因为不适应而出现短暂迷茫。这是常见现象，作为管理者需要保持耐心。如果员工经过一段时间的锻炼仍不能适应该岗位，那就不能再等了，或者直接给其调岗，或者令其去参加企业内部的学习，或者直接让其离职。

（2）有的员工能力具备，但工作责任心不强。管理者要在严格要求的同时，实施赏罚制度，督促其改进工作态度，如果一段时间后仍没有改观，则必须果断弃用。

（3）有的员工能力一般，但工作态度很好。这样的员工属于"无才有德"的一类，能保留就保留，但需为其选择挑战性不强的工作岗位。

（4）有的员工具备能力，也与工作完美契合。这就是很成功的人岗匹配，既能发挥员工的才能，也能让岗位产生最大价值。

建设性地解决人员错配问题，必须同时关注员工的个人发展和企业的整体利益。通过采取一系列措施，提高员工的满意度和工作效率，促进企业的可持续发展。同时，企业还应不断审视自身的人员配置问题，与时俱进地调整人力资源政策和流程，以适应不断变化的市场环境和企业发展战略。

帮助员工制订发展的行动计划

企业的发展离不开每一位员工的辛勤付出，而员工个人的成长与进步，需要企业的悉心培养和引导。作为管理者，如何帮助员工制订并实施个人发展的行动计划，成为提升员工满意度和忠诚度，推动企业持续发展的重要课题。本节将通过分析一个成功的企业案例，探讨如何帮助员工制订发展的行动计划。

某互联网公司近年来发展迅速，为了进一步提高员工的素质和能力，公司决定为员工制订一份发展的行动计划。该计划旨在帮助员工明确自己的职业发展方向，提高自身的能力和素质，以便更好地适应公司的发展需求。行动计划的制订和具体执行步骤如下。

◆确定员工的职业发展方向——在帮助员工制订发展的行动计划之前，公司首先需要确定员工的职业发展方向。通过与员工进行沟通交流，了解他们的兴趣、特长和职业规划，为他们提供有针对性的发展建议。

◆制订个人发展计划——在确定员工的职业发展方向之后，公司需要与员工一起制订个人发展计划。该计划应该包括具体的学习和培训内容、时间安排和评估标准等。通过制订个人发展计划，使员工明确自己的发展目标，并采取有效的行动措施。

◆提供培训和发展机会——为了帮助员工实现个人发展计划，公司需要提供丰富的培训和发展机会。这些机会包括内部培训、外部培训、在线课程和分享会等。通过这些培训和发展机会，使员工不断提高自己的知识和技能水平，提升综合素质。

◆设立明确的晋升通道——为了帮助员工看到个人发展计划的实施成果，公司应设立明确的晋升通道。包括对不同岗位的晋升要求、晋升时间表以及晋升的评价标准等。明确晋升通道可以让员工了解职业发展的路径和实现计划的可能性，激发员工的积极性和进取心。同时，企业还应在晋升过程中做到公平、公正、公开，确保每位员工都有机会通过自己的努力获得晋升。

◆建立导师制度——为了给员工在实施个人发展计划时提供指导，公司应建立导师制度。导师可以是公司内部的资深员工，也可以是外部专家。通过导师的指导，员工可以更快地发现问题、解决问题。同时，导师制度也能让员工感受到企业对他们的关心和支持，增强员工的归属感和忠诚度。

◆定期评估和调整计划——在实施个人发展计划的过程中，公司需要定期对员工个人计划的进展进行评估，并根据评估结果进行调整。这有助于及时发现和解决问题，使员工能够更好地实现自己的发展目标。同时，评估结果也可以为企业的人力资源管理提供有益的参考。

这些措施有助于员工实现自身价值，为企业的发展贡献力量。同时，企业还应不断审视和优化自身的人力资源管理策略，以适应不断变化的市场环境和企业发展战略。

帮助员工制订发展的行动计划，是提升员工满意度和忠诚度，提振与聚合人心，推动企业持续发展的重要手段。管理者应从多个层面入手，关注员工的个人需求和发展目标，提供全方位的支持和引导，让员工在企业的平台上不断成长和提升。同时，员工也应积极参与发展行动计划，抓住机遇，实现自身价值和企业发展的共赢。

第六章
沟通艺术：通过思想桥梁凝聚人心

沟通艺术是管理中的核心要素，是搭建思想桥梁、凝聚团队人心的关键。有效沟通能够消除误解，促进信息的准确传递，提高工作效率。管理者应掌握沟通视窗、正面沟通、负向沟通、跨度沟通等沟通技巧，以便建立互信、解决冲突、降本增效实现共同目标。

沟通视窗，缩盲挖潜

在管理领域，沟通是一种重要的技能。有效的沟通可以帮助团队成员理解彼此的想法，建立信任和尊重，并推动项目向前发展。而在沟通中，沟通视窗理论为管理者提供了一个有力的工具，可以帮助我们更好地理解和调整沟通。

沟通视窗，也称为乔哈里视窗（Johari Window），是一种关于沟通的技巧和理论，也被称为"沟通透明度模型"或"自我意识的发现－反馈模型"。由美国心理学家乔瑟夫·卢瑞和哈里·英格拉姆在1955年提出的。后来成为被广泛使用的管理模型，用来分析以及训练个人发展的自我意识，增强信息沟通、人际关系、团队发展、组织动力以及组织间的关系。

沟通视窗的定义很简单，按自己是否知道和他人是否知道两个维度，划分为四个象限（见图6-1）。

图6-1 沟通视窗的四个象限

通过图 6-1 可以看出以下几个方面内容。

隐私象限——自己知道，但他人不知道的信息。这些信息可能涉及我们的个人隐私，如内心想法、曾经的经历等。在沟通中，适度地分享一些隐私信息可以增加彼此的信任。

公开象限——自己知道，同时他人也知道的信息。这个象限的信息通常是我们在社交场合和工作中愿意分享的内容，如姓名、职业、兴趣爱好等。

盲点象限——他人知道，但自己不知道的信息。这些信息可能是我们的行为习惯、人际关系中的角色定位等。了解盲点象限的信息，可以帮助我们更好地认识自己，改进沟通方式。

潜能象限——自己和他人都不知道的信息。这部分信息包括了我们的潜力、创造力等。挖掘潜能象限，可以让我们在沟通、事业中展现出更多可能性。

1. 公开一部分隐私象限

这种简单的解释，是不是说明在隐私象限里的信息就一定不能公开呢？其实在发挥领导力的过程中，隐私象限里的很多内容都是可以公开的，因为在这个象限里真正不能公开的是最底层的 DDS（deep dark secret，又黑又深的秘密）。作为管理者必须明白一点，每个人都有 DDS，都是绝对不能告诉别人的。无论是日常交际还是管理之中，只要员工的 DDS 不涉及工作，管理者绝对不能借手中的权力而强行打探。

隐私象限中可以与别人交流的是"不好意思说的"和"忘记说的"。同理，每个人都有自己"不好意思说的东西"，但不能将这部分无限放大，因为过多的"不好意思说的"会导致人与人之间有很多隔阂。有些"不好意思说的"可以自己保留，有些"不好意思说的"则需要及时说出来。

在三星手机还是大众宠儿的时代，三星手机电池爆炸也经常冲上媒体热搜，但直到问题已经非常严重了，总裁李在镕才成为企业中最后一个知道的人。为什么会如此？因为三星集团的文化就是向领导者只报喜不报忧，任何一件事都在底下尽量地处理、尽量地公关、尽量地压制，这让李在镕认为一切业务都在正常运转。这就是因为"不好意思说"导致的严重问题，大家都心照不宣地按照企业内部长期形成的潜规则运行着。如果在企业里边有很多东西"不好意思说"，那么就会发现不仅沟通会有很多问题，整体经营也会被问题包裹。

但"不好意思说的"还不是对企业伤害最大的，"忘记说的"才是真正致命的。管理者以为某些必须知道某件事情的员工已经知道了这件事，因此无须多说了，而实际上这些员工其实并不知道这件事，如此导致工作必然出现问题。这种情况多发生于管理者的一厢情愿，通常源自"知识的诅咒"。当我们对某件事非常了解，脑海中存在着很多相关知识时，就会将原本该细致的、条理的表达改变为笼统的、跳跃的，导致别人听不懂或理解偏差。这种诅咒延伸到自我发展领域，就是自己被过去的知识成就限制住了，不愿意再去接受与自己认知不同的意见，由此也不愿意去主动挑战让自己不太舒服的领域。

因此，在某些情况下，保持一定的隐私是必要的，以便保护个人隐私和利益。然而，过多的隐私可能导致信任缺失和沟通障碍。因此，管理者需要适度管理隐私象限，最好的结果是在保护个人隐私的同时，保持信息的透明度。

例如，在与同事交流时，可以适当地分享一些个人生活和工作中的细节，以此增进彼此的了解和信任。心理学家把这一招叫作"自我揭示"，不知道各位管理者有没有发现，当你跟别人讲自己人生的经历时，你在他人眼里会更加丰满立体,别人会因此知道你从哪里来,要到哪里去,会更容易让人对你产生可信任的心理。在公司内部,定期组织类似公开象限放大会、阿里巴巴的裸心会等,有利于团队成员之间增强信任及改善跨部门沟通协作关系。

2. 缩小盲点象限

盲点象限有些类似汽车的盲区,即便有时候反复确认,也还是会有一些区域无法在车内观察到。但盲点象限若只是被控制在一定的范围内,并不会影响大局,只要足够小心,就能够应对。但很多人却并不重视盲点,就像一些人常说"我这人说话比较直,你别介意"一样,这就是典型的揣着明白装糊涂,你都知道自己说话直,容易得罪人了,为什么一定要说出让别人不舒服的话呢?这就不是说话直可以解释的了,这是性格缺陷,这是大问题,需要改正。如果盲点的范围被扩大了,事情就会越发严重起来,就像汽车缺少了倒车镜,会导致司机的盲区成倍扩大了,若此时再开车,恐怕再老练的司机也会心虚到无所适从。

管理者因为处于企业的领导层,在与下级沟通时,就很容易陷入盲点象限中。很多管理者的管理方式非常令下属反感,但下属也不方便直接提出来,导致沟通往往从源头就已经失效了。例如,某位管理者在组织团队开会时,非常习惯抢话打断其他人发言,因为他是这个部门的最高领导者,下属即使觉得不爽,也都会憋在心里。但我想,这位领导者一定会在某一天受到某位下属的回怼,让他先闭嘴。这位管理者确实应该及时调整自己,尤其在开会的时候,当他想说点什么的时候,要先让自己停几秒,想一想,再判断说不说。

管理者应对盲点象限的最好方式是"闻过则问",即当收到负面反馈的时候,先反思,先问问自己:"这有没有可能是我的一个盲点?"毕竟,每个人的人生中都有很多地方是自己看不到的，但那些地方又确实存在着，如果管理者希望自己的企业和团队内部能做到沟通顺畅，管理者必须先逐一清除掉自己的盲点象限。由此衍生出的将盲点象限转化为公开象限的方法"恳请反馈"，即在工作中，主动地去问、去请求别人（上级、平级、下级皆可）给予反馈。但这种"恳请"必须是真心实意的，管理者要怀着感恩心去请别人给予反馈，并诚恳地发现这确实是自己一个盲区，然后用行动去调整和优化自己的这个盲点。当别人看到自己的反馈有了效果，也愿意在未来继续反馈。这就是盲点象限的优点，管理者应借助"扫盲"的机会，逐渐扩展自己的知识结构和能力范围，以提高自身的综合实力。

3. 挖掘潜能象限彻底激发潜力

我们每个人都有的，除了隐私、盲点，还有潜能，它们之间的区别在于，有些人的潜能得到了开发，有些人的潜能始终沉睡，有些人的潜能却得到了彻底的释放。尼克·胡哲的故事很多人知道，上帝给这个孩子安排了只有躯干而没有四肢，如此残酷的事实却造就了他的不屈，他用乐观、积极、进取、坚强不屈的信念，将自己的潜能运用到了极致。他成了一个很了不起的人，他通过演讲告诉世人，永远不要放弃。

我在每次沟通视窗培训结束前，都会播放一段尼克·胡哲的视频，每一次都令参训学员备受鼓励，对自身的潜能有了更多的了解，对完成挑战性的工作任务有了更多的信心和勇气。

我们这些健全人和尼克·胡哲比起来，已经是幸运儿了，按理说我们应该比他更有机会获得成功，但大多数普通人却一直普通着，原因就在于不了解自己的潜能，或者即使了解也不相信自己的潜能，或者相信却不实践自己的潜能，总之就是和发挥潜能无缘。这种情况在企业管理中也十分常见，很多管理者自身便对企业发展信心不足，没有那种"挥斥方遒"的气概，只是抱着得过且过或者小富即安的心理。这种管理者向员工传递出的信念也同样如此，甚至在有机会迈向成功或更成功时，一番缺乏自信的言论，先打消了自己与员工的热情。

我们自身的许多可能，都是我们所不清楚的，因为尚未被开发出来。同理，作为管理者，也并不完全清楚企业每一名员工的实际能力与潜能，因此不要轻易轻视任何一个人的能力，要尽量激发每一个人的潜能，包括自己，只有这样才能为企业的发展提供源源不断的动力。管理者可以通过自我反思、恳请反馈和不断挑战自己等方法，发现并开发潜在的能力和技能。例如，在工作中尝试新的项目或角色，挑战自己的能力和舒适区，以发现自己的潜在能力和天赋。

4.适度扩大公开象限

最后要详细阐述的就是公开象限。一个人的公开象限特别大，好处是他有影响力，他说话别人会相信，坏处则是没有隐私了。各界名人在这方面应该深有体会。我们每个人在这个世界上成长的过程，都是公开象限在不断放大的过程。普通人亦是如此，我们总会认识越来越多的人，我们的身份也会有一些变化，经过多年社会上的交往，公开象限就放大了。

在企业管理中，各管理层的管理者在企业内的公开象限一定比普通员工大，这也决定了他们有更多的影响力。而领导力的基础就是要动员员工、激发团队，这就要求管理者必须有一定的影响力，要让人感受到信任和权威性。因此，管理者必须扩大公开象限，可以从隐私象限中隔出一块，再从盲点象限中隔出一块，把它们都放进公开象限中。将隐私象限变成公开象限的方法是自我揭示，将盲点象限变成公开象限的方法是恳请反馈。

扩大公开象限不仅限于扩大管理者个人的公开象限，还要扩大企业或团队中每个人的公开象限，这将对整个企业或团队的氛围提升和协作效率产生重大有利的影响。例如，我们华山商学园有一个很好的实践方法，即每天晨会的正式内容完结后，会花10~20分钟做工作以外的话题交流，方方面面，什么内容都可以聊。这其中必然会涉及正常情况下可能永远都不会提及的一些个人隐私，相互间也能彼此助力发现一些自己未能发现的潜力。由此我们公司的氛围总是很好，工作效率高，合作没有障碍，彼此间默契程度不断提升，大家的能力也在相互协作中不断提升。

5. 案例分析

某上市公司人力资源总监王鑫发现团队成员之间存在沟通障碍，导致工作配合不够顺畅。为了解决这个问题，他决定采用沟通视窗的方法来提高和改善团队的沟通协作及信任关系。

首先，王鑫组织了多次团队会议。类似于公开象限放大会，让每个成员分享自己的个人信息、工作情况和情感状态，以扩大公开象限。他还鼓励成员们提出自己的意见和建议，了解他们对团队发展的期望和想法。通过这种方式，王鑫和团队成员以及团队成员之间的信息透明度得到了提高、信任度得到了增强。

其次，王鑫鼓励团队成员相互提问和反馈。他要求每个成员提出至少一个问题或建议给其他成员，并要求被提问者给予真诚的回答和反馈。通过这种方式，王鑫帮助团队成员了解彼此的想法和感受，缩小了盲点象限。

再次，在扩大公开象限和缩小盲点象限的过程中，王鑫还发现了一些团队成员之间存在一些隐私的问题。有些团队成员在工作中存在一些顾虑和担忧，但不愿意分享出来。于是，王鑫决定适度管理这些隐私象限的问题，通过一对一的面谈方式与这些成员沟通交流，倾听他们的想法和担忧，并给予支持和建议。同时，他还鼓励团队成员之间建立互信关系，通过合作解决问题和共同成长来缩小团队成员之间的隐私象限。

最后，王鑫鼓励团队成员积极探索自己的潜能象限。他要求每个成员列出自己想要尝试的新项目或角色，并给予支持和指导。同时，他还组织了一些培训和发展活动，积极参加华山商学园承办的培训项目，以帮助团队成员提升自己的技能和能力。通过这种方式，王鑫激发了团队成员的潜力和创造力，提高了整个团队的沟通效果和工作效率。

通过以上案例的分析，可以看出运用沟通视窗的方法可以帮助组织提高内部沟通效果和协作能力。具体而言就是四个方面：扩大公开象限；缩小盲点象限；适度管理隐私象限；积极探索潜能象限。

沟通视窗是一个非常有用的工具，可以帮助管理者更好地理解和管理信息，增强彼此之间的信任和协作。但是，沟通视窗并不是万能的，在某些情况下，过度依赖沟通视窗可能会导致信息过载或侵犯他人隐私问题。因此，管理者需要根据实际情况灵活运用沟通视窗，并注意其适用范围和局限性。

综上所述，通过沟通视窗，管理者可以更好地理解和调整沟通。在实际应用中，管理者需要根据具体情况，灵活运用四种象限的调整方法，以实现有效沟通。当管理者在沟通中不断挖掘潜能、展现真实自我、建立信任和尊重时，思想的桥梁便会逐渐搭建起来，助力企业走向更加美好的未来。

沟通反馈，上下联通

曾有记者问沃尔玛公司（Walmart）创始人山姆·沃尔顿："您总结一下沃尔玛的管理理念是什么？究竟凭什么发展成现今的规模？"

沃尔顿说："我从未总结过，因为这不需要总结，沟通和反馈就是我们成功的关键。"

只要将沟通和反馈做好了，就有机会比肩沃尔玛！虽然事情远非表面上这么简单，但是却能反映出沟通与反馈在企业发展过程中起到的重要作用。再大规模的企业也是由点滴汇聚而成的，而凝结无数点与滴的黏合剂就是沟通和反馈。

一个完整的沟通与反馈的过程是呈环状的——即"信息反馈环"（见图6-2）。在这个环中，需要有相互间的沟通与反馈。

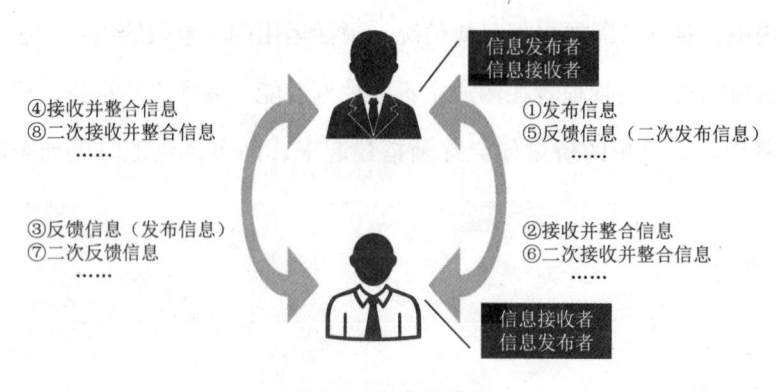

图6-2　信息反馈环

关于"信息反馈环"的具体解释如下：

（1）信息发布者通过自身的表达（语言或肢体动作）发出信息。

（2）信息接收者通过各类渠道（通常为听或看）接收信息。

（3）信息接收者在接收信息的过程中或结束后，及时做出回应，以澄清信息传输过程中可能出现的误解和失真（此时信息发布者和信息接收者的身份对调）。

（4）信息发布者接收来自信息接收者的反馈，再次形成观点，进行表达（此时信息发布者和信息接收者的身份恢复）。

管理者须将沟通与反馈联系到一起，让每一次沟通都能得到必要的回应，并从回应中得到所需的信息。但很多管理者在实际操作中仍然有很多值得商榷的地方，比如，得到的回应并不是员工真心想说的，得到的回应与现实的结合度并不高，得到的回应是针对他人的……

借助以下几个案例具体呈现上述情况。

案例1：

管理者A："这件事交给你去做，有什么想法吗？"

下属X："欸……就算没有。"

管理者A："好的，那就去做吧。"

案例2：

管理者B："这件事交给你去做，你看看有什么困难吗？"

下属Y："上次做的那件工作，最终的结论还没有下来，到底怎么样了？"

管理者B："还没有，你先把这件事完成。"

下属Y："可是那件工作没有结论，会影响现在的工作，不好发力啊！"

管理者 B："边做边看吧！现在时间太紧了，容不得按部就班了。快去做吧，有问题再说。"

案例 3：

管理者 C："你现在做的这件事交给 W 去做吧，你还有别的任务。"

下属 Z："没问题，那我将工作和 W 交代一下。接下来我要做什么呢？"

管理者 C："交代工作时要详细，资料要给完全，如果 W 接手后有些工作尚不熟悉，你还要帮助一下，毕竟这方面你的经验更丰富一些。接下来你要完成更艰巨的任务，具体是……"

下属 Z："明白了，您放心吧！"

上面三个案例中，三位员工都对管理者进行了反馈，而管理者也都向员工做了反馈的反馈。虽然都完成了"信息反馈环"，看具体效果却差别巨大。其中，在案例 1 中下属的反馈虽然简练，但很有价值，只要表现出犹豫就表明其心有顾虑，但管理者却未加理会，这样很可能因此错过发现错误的机会；在案例 2 中下属的反馈与实际工作有关，但管理者并未对此反馈给予认真的再反馈，而是让下属在准备环节尚未完成时，就急于展开工作，由此可以预见，这样的管理方式对于工作的进展没有起到正向作用；在案例 3 中下属的反馈最到位，主动向管理者反馈自己会交代工作，管理者对其反馈也做了相应反馈，并交代接下来的工作事项。

前两种状况都可能引发执行不力，且因为管理者与下属沟通始终不畅，未来的任务完成度必然不会高，甚至根本无法完成。只有最后一种情况的上下级之间实现了真正的联通，管理者可以从下属的反馈中得到有用的信息，也能进一步反馈有用的信息。当沟通顺畅了，管理者与员工之间的工作契合度也会升高，进而心灵契合度也会提升。

当然，企业内部沟通反馈并非限于各执行团队，而是广泛分布于企业的每个执行角落，纵向贯穿从最高领导者到最基层员工的所有人，横向打通企业内的所有职能部门和业务部门。因此，企业必须全方位地重视沟通反馈的作用，建立有效的沟通机制，实现上下联通。

首先，企业应建立完善的沟通机制。包括制定明确的沟通流程、建立有效的信息传递渠道、鼓励员工提出意见和建议等。此外，企业还应定期对沟通机制进行评估和调整，以适应企业发展的需要。

其次，企业应注重跨部门和层级之间的沟通。在组织结构复杂的现代企业中，加强不同部门和层级之间的协调和合作尤为重要。企业应加强跨部门间的沟通和协作，打破"信息孤岛"现象，提高整体运营效率。

再次，企业应重视管理层与员工之间的沟通。员工是企业的重要组成部分，他们的意见和建议对于企业的发展至关重要。企业应建立良好的反馈机制，让员工参与到决策过程中来，增强员工的归属感和责任感。

最后，企业应不断改进和创新沟通方式。随着科技的发展和社会的进步，新的沟通方式不断涌现。企业应与时俱进，采用适合自身的沟通工具和方法，提高沟通效果和效率。

总之，有效的沟通反馈是实现上下联通的关键所在。企业应从多个方面入手，加强内部沟通和外部交流，提高整体运营效率和市场竞争力。只有这样，企业才能在激烈的市场竞争中以上下联通、心心相连的全能量状态实现高速发展。

正面沟通，消除误解

在实际工作中，由于各种原因，员工之间难免会出现误解和矛盾。如何通过正面沟通消除误解，是每位管理者必须面对和解决的问题。

正面沟通强调的是开放、坦诚和建设性的交流方式，有助于消除疑虑、化解矛盾。在正面沟通中，双方或各方都愿意倾听对方的意见，理性地探讨问题，共同寻找解决方案。这种沟通方式有助于建立互信，增强团队的凝聚力。

为了更生动地说明正面沟通的实践价值，让我们来看一个实际的企业案例。

A 是某网络营销公司的资深员工，在一个项目中，他自认为很有创意的方案被否定了，公司采纳的是另一位新人 B 的方案。A 认为老板是故意在排挤老员工，待老员工自行请辞，就可以招聘新人顶替，以降低人力成本。带着巨大的猜疑与不满，A 的不良情绪暴增，连续两天都和同事新人 B 发生矛盾。A 情绪上的变化被老板看在眼里，自然也明白原因。第三天中午，老板在微信上对 A 说："今晚有时间吗？我们好好聊聊。" A 求之不得，他想将心中的不满都吐出去。

下班后，A 和老板在饭店里边吃边聊。老板让 A 说一说这次方案被否定后的想法。A 打开话匣子，将不满和不解都说了出来。在 A 说话的全过程中，老板除了倾听和点头回应，从未打断。

A说完后，老板问："你想不想听听我对这件事的想法？"

A说："那当然，这正是我想知道的。"

老板说："你的方案我认真看过，可以概括为四点：第一……第二……第三……第四……可以看出你是非常用心的。这四项归纳起来是一个主题，可以称之为'……'你还记得吗，类似的方案咱们之前操作过，结果虽然没有失败，但也算不上成功，就像温吞水一样。原因在哪里呢？就在于有些平淡，我们能够想到的，别人也想到了，很多商家都开始用相似或完全相同的策略，市场上对此已经没有新鲜感了。而B提出的方案，目前在市场上尚未出现同类的，属于绝对的创新，虽然也不能保证只要实施就能获胜，但在我们这个领域里，求新、求变、求快是宗旨，做不到这三点，就等于未战先输了。所以，公司最终采纳了B的方案，这个过程中否定的不只是你的方案，还有其他人的，老员工和新员工的方案都有，连我自己的方案，我都推翻了。所以，你不要乱想，你是公司的资深老员工了，你对工作认真的态度，我都看在眼里，也非常欣赏的，你的能力和探索精神值得学习。我不希望你被这件事影响了心情和工作状态，所以要向你解释明白，以消除误会。我希望你能在未来的工作中继续努力，多为公司提宝贵的建议，我们共同努力、共同进步。"

A听着老板说的话，脸颊越来越发热，神态也越来越不安。他真正感受到了老板对自己的认可，也意识到了自己能力上的差距，于是下决心要改掉骄傲自负的老员工心态，认真投入工作中。

这位老板采用的就是正面沟通。当员工因为工作对管理者的管理行为、管理方式或者企业制度产生了疑问和误解时，管理者不仅要能及时发现，还要及时做正面沟通。对管理者而言，这并不是困难的事情，只需要多观察员工，多与员工建立联系即可。但现实中，很多管理者却将这样的行为视为"自降身价"，认为员工只需要服从命令就可以了，殊不知若员工不是主动地去执行命令，就会对管理者的一切指令产生排斥，由此会造成上下离心的局面，必将会对执行造成阻碍。因此，作为管理者需要经常与员工就工作上的问题进行交流，只有多沟通才能更好地解决问题，才不会堆积误解，才能更大范围地消除与下属的距离感。

为了将正面沟通的效果值拉到最大，管理者在与下属沟通时需要注意方式、态度、机会、次数、频率方面的问题（见图6-3）。

01 沟通的提出方式要干脆，不要拐弯抹角。

02 沟通的态度要融洽和谐，不能居高临下。

03 沟通的机会要恰当，不能强行为之。

04 沟通的次数要保证，不能长期不为。

05 沟通的频率要适度，不能太密集。

图6-3 管理者与员工正面沟通的注意事项

既然正面沟通非常重要，也了解了应该注意的问题，那么如何才能让正面沟通发挥最佳效力呢？下面介绍两种常规性方法或者说是两种情景。

（1）与单个员工进行正面沟通。本节案例就是管理者与具体有误解的员工的单独沟通。管理者采用这种方式，沟通对象会产生被重视感，会更愿意吐露心声。

关于单独正面沟通的时间选择，可以在下班后，也可以在工作期间。

管理者可以将下属叫入办公室进行面谈。办公室相对于饭店、公园、书店或者领导者家里，会让下属有拘谨感，管理者要在沟通时营造轻松的氛围，给予下属自由说话的机会。

单独正面沟通不限于面对面，管理者还可以通过发邮件、打电话、即时通信聊天等方式，与沟通对象进行单独沟通，只是非面对面的沟通在诚恳度上会有所欠缺。

（2）通过集体形式与员工进行正面沟通。这种方式的最主要的形式是会议，可以是一名管理者对应多名下属，也可以是多名领导者对应多名下属。若希望会议形式的沟通可以起到好的作用，需要注意以下几点：

①可以事先对员工有所交代，如下次开会要做发言。

②仅限于员工对公司制度有意见的前提下，而非对其他某个人有意见。

③在听到员工的陈述后，管理者必须做到实事求是、客观公正。

此外，还可以通过集体活动的形式，比如团建时，在娱乐、吃饭之余，每个人的心理相对轻松，能够更容易地说出内心想法。但是，无论选择哪种方式，管理者首先要做到的，就是多倾听，少发表意见，以便收集更多有用的信息。

负向沟通，化解失控

在管理过程中，管理者常常会遇到员工情绪失控、团队沟通不畅等问题。当问题出现时，负向沟通变得尤为重要。有效的负向沟通有助于化解矛盾，避免问题升级至失控状态。

负向沟通，是指在沟通中向沟通对象传递"负面信息"，如批评指责、抱怨不满等负面情绪的交流方式。负向沟通与正向沟通相对，正向沟通更注重传递正能量、鼓励表扬、积极反馈等正面情绪。

在组织管理中，正向沟通往往受到更多关注，而负向沟通却容易被忽视。因为只要一提到负面的东西，就一定是有碍于管理实施的，唯恐避之不及。但任何事物都是相对的，我们在对负向沟通进行解释时，也是将"负面信息"打上了引号，只要能够正确运用负向沟通，所传递出去的"负面信息"就能起到正面的作用，且有些时候能起到正面信息所达不到的效果。正因如此，负向沟通在管理实践中具有深远的意义和多方面作用。

负向沟通的意义：

（1）识别问题与不足。负向沟通是揭示潜在问题与不足的关键途径。通过负向沟通，管理者可以了解员工在工作中的困扰、困难以及不满，进而准确识别存在的问题和不足。

（2）纠正错误与偏差。当员工的行为偏离预期目标或出现错误时，负向沟通能够帮助管理者及时指出并纠正，确保工作方向的正确性和准确性。

（3）增强管理透明度。有效的负向沟通有助于打破信息壁垒，使管理者与员工之间的信息传递更为畅通，从而提高管理的透明度。

负向沟通的作用：

（1）提高员工的归属感。当员工能够通过负向沟通表达自己的困惑和不满时，他们感受到的尊重和关注会增加，从而提高对企业的归属感。

（2）促进内部监督。负向沟通为员工提供了一个平台，让其可以参与到组织的监督活动中，从而提高组织的运营效率和规范性。

（3）增进团队的凝聚力。通过负向沟通解决团队中存在的问题和冲突，有助于增强团队成员之间的信任和协作，进而提高团队的凝聚力。

（4）提升组织绩效。通过负向沟通识别并解决存在的问题，企业可以避免资源浪费和决策失误，从而提高整体绩效。

（5）促进组织变革与进步。负向沟通揭示的问题和不足，可以作为组织变革的重要推动力，促使组织不断改进和进步。

负向沟通在管理中虽然具有重要作用，但运用不当可能导致失控。管理者须掌握负向沟通的技巧，明确沟通目的，选择合适的时机和方式，保持冷静和客观，注重反馈和解决方案，以实现团队和谐、提升团队效能。在实际应用中，管理者应根据具体情况，灵活运用负向沟通，为团队发展注入正能量。负向沟通的基本形式如下。

（1）批评作用。批评是一种提醒和纠正的手段，能帮助员工意识到自己的错误或不足，并激发其积极改进的动力。反向运用，员工也可以向管理者提出建议，让管理者意识到自己的错误和不足，促进管理者及时改正，避免更大错误的发生。案例：某部门新任的 A 经理发现团队成员 B 连续迟到三次。于是，在团队会议上，经理公开批评了 B 的行为，指出其影响了团队的整体效率，若再不改正，将面临被离职的风险。此后，B 意识到问题的严重性，也明白必须改正。

对于 A 的管理方式比较激进的问题，团队成员 C 和 D 都先后向其提出要缓和态度的建议，并说若是经常如此，团队成员都有意见，还强调了 B 为什么连续迟到，就是因为对 A 管理方式的不满。A 也觉得自己总是疾声厉色的管理方式，不利于团结团队成员，便虚心接受建议，并要求团队成员监督自己。但 A 也声明，对团队的严格要求是不会变的，大家仍然要认真工作，但可以相互监督改正自身不足。

　　这一起由 A 管理方式激进引发的团队内部危机，在 A 的严肃处理和虚心接受批评的双重加持下，迅速化解了。

　　（2）惩罚作用。惩罚是对违规行为的直接回应，可以起到警示作用，提醒其他员工不要重蹈覆辙。很多管理者都认为，惩罚只适用于由上至下，因为下级不可能惩罚上级。但在开放、安全、进取的环境中，下级也可以对上级进行"惩罚"。当然，这种惩罚必须要落到实处，而不是做表面功夫。案例：某公司对内部贪腐行为零容忍。当发现 E 员工私自收受回扣时，公司立即进行处理，对该员工进行开除，并在内部通报批评，明确表示对贪腐行为的坚决打击态度。但有贪腐行为的部门 F 经理意识到，贪腐绝非 E 的单独问题，于是在部门内部召集紧急会议，明确告知其他贪腐员工主动交代，到时可以从轻处理，否则就要展开彻底清查，若被查出，则将严惩不贷。

　　过了几天，其他两名与 E 一起贪腐的员工主动交代了情况，并退回了贪得的回扣款。但这两名员工在交代时都提及了，是因为 F 监管不严才导致他们有漏洞可钻。虽然这两名员工不是本着批评 F 的目的，但确实起到了变相的向上批评的目的。F 也意识到了自己的问题，主动向上级说明情况，并自请处分。

　　对于这种企业内部的贪腐行为，一旦处理不当，不仅会引发巨大的动荡，员工对企业的向心力也将大受打击。但企业面对此事的雷厉风行和 F 的明察秋毫、恩威并施，以及 F 的勇敢担当，便将危机在最小范围内化解了。

　　（3）降职作用。降职是对表现不佳或犯严重错误的员工的一种处理方式。通过降低其职位，可以给员工一定的压力和激励，促使其改进和做出表现。同理，降职也可以作用于管理者本身，所谓管理不当的连带责任。当然，如果管理者需要负这种责任，往往说明问题已经到了非常严峻的程度，仅处罚当事员工已不足以平息事态。

案例：某部门 G 副经理因工作失误，险些导致项目失败，被降职为普通职员。G 对这个处罚结果很不满意，认为这不是自己一个人的错误，现在正在挽救中，为什么就这么草率地降自己的职？于是，在挽救工作中并不尽心，使得该团队的其他人也人心涣散。

该部门 H 经理召集部门会议，说："G，你知道这次失误给公司造成的损失有多大吗？可不像你们认为的只是影响一个项目而已。这个项目关乎公司的前途，如果做得漂亮，则公司无论从规模还是影响力上，都会更上一层楼，等于为未来的发展铺平了道路。如果做失败了，公司就失去了一次层级跃迁的机会，未来再想遇到这样的机会，对于咱们这个级别的公司而言是非常困难的。现在虽然在挽救中，但即便挽救回来，也称不上漂亮了，最多算作合格，对于公司来说仍然是很大的损失。而且，为了弥补你的过错，公司正在付出数倍于失误的努力。那么，现在你还认为对你的降职处罚是不公正的吗？公司降你为普通员工，不是要彻底抛弃你，如果想抛弃，干脆开除了。而是要让你接受这次的教训，在未来的工作中要更加认真、努力，将你的实力重新展示出来。希望你，也希望咱们部门的所有成员，都能引以为戒，尽力做好自己的工作，挽回自己的名声！"

经过一番推心置腹的感化，不仅 G 明白了其中的道理，该部门的其他人也都明白了这个道理。在接下来的挽救工作中，纷纷各显神通，最终不仅将项目挽救回来了，还重新让这个项目漂亮地完成了。

可以预见，如果没有这次成功的负向沟通，包括 G 在内的该部门的其他人都会陷入内心迷失的状态中。但这次沟通解救了大家，让大家重新回到了修复心态的正轨上，也最终成功地履行了自己的使命。

在管理实践中，为了充分发挥负向沟通的作用，管理者需要具备倾听和接受负向反馈的意愿，以及解决冲突和处理复杂局面的能力。同时，企业应营造一个开放、安全的环境氛围，鼓励员工正确看待负向沟通，从而促进自身的进步，以实现企业的持续改进和整体绩效的提升。

跨度沟通，突破局限

CEGOS（企顾司）集团于1926年成立于瑞士，现总部设立在法国。CEGOS为法文的"科学管理组织委员会"（Comité de Gestion et d'Organisation Scientifique）的首字母缩写。经过近百年的发展，CEGOS已经发展成为全球最大的管理培训公司之一。

CEGOS曾针对创业企业的创始人和高层管理人员进行过一项调查，内容很简单，只需要被调查对象回答一个问题："团队什么时候应该进行沟通？"CEGOS原本估计会有半数调查对象将沟通与问题联系在一起——即在有问题出现之时进行沟通。但他们得到的答案中，将二者关联的比例远超预期，达到了81.5%。

这个现象引起了CEGOS调查人员的重视，并专门为此成立新的相关培训课题，主题就是"跨度沟通，突破局限"。跨度沟通，是指在企业内部，跨越组织层级、部门、地域、文化等界限的沟通方式。超越了传统的垂直沟通模式，使得信息能够在更广泛的范围内快速、准确地传递。

既然 CEGOS 有如此反应，是不是说明将沟通与问题必然性关联在一起的答案是错误的呢？其实这个答案没有错，有了问题自然需要沟通。但关键在于没有问题的时候呢？就不需要沟通了吗？

一定有人会对此产生怀疑，没有问题为什么要沟通？或者是，没有问题要沟通什么呢？在回答这两个问题之前，我们现在思考一下：问题是怎样出现的？我们必须思考这个问题，因为问题不是凭空而来的，除了突发状况，大多数问题都是日积月累堆叠形成的。在平时看起来没有问题的时候，往往问题已经出现了，只是还没有爆发，依然在暗中酝酿。如果此时能够及时发现问题的端倪，并予以解决，那么后续也就不会有问题了。

防患于未然，不仅能将隐患及时消除，还能将隐患造成的潜在损失也一并降至最低，更能在这个过程中提升企业员工的凝聚力。因为当问题爆发后，解决问题的人心态必然会难以平和，这个过程中很容易出现不利于团结的状况。想一想，那些经常遭受问题困扰的企业，员工的心都很难聚合，毕竟大家在解决问题的过程中，哪有时间修复彼此间的关联。而那些偶尔遭受一次问题困扰的企业，员工会因为团结起来战胜一次困难而更加心灵相通。其实，防患于未然也不能将隐患全部去除，总会有漏网之鱼不时杀出，但这并不影响大局。只要企业内部能够及时沟通，就有利于预先发现隐患问题，预先排除险情。

因此，企业内部的经常性、及时性的沟通是必要的。很多管理者也知道先于问题沟通的重要性，于是出现了"随时沟通"这种矫枉过正的情况。只要管理者一声令下，员工就要放下手边的工作，集体出席一次会议。管理者满足了沟通的想法，员工却被打断了工作的连贯性。因此，企业内部沟通需要在同一平台下进行，也就是建立沟通平台，借此形成长期的、固定的交流模式。团队中的每个人都知道，到了什么时间节点，到了什么事情节点，需要进行沟通交流，大家会提前做好准备，到时主动放下工作，参加集体交流。

某公司规定每周五下午4：30，进行周总结会议，由各项目组自行组织；每月最后一个工作日的下午，进行月总结会议，由各部门自行组织；每季度最后一个工作日，进行季度总结，由公司统一组织；每年最末周的最后两个工作日，举行年会，总结一年的工作成绩，展望下一年的工作，并对工作优异者进行表彰。

在固定时间内沟通的好处是，会保障员工的工作状态。但因为沟通仍是在企业内部进行，所以员工的心态还是会感到紧张，毕竟谈的是工作上的事，场合也是工作的地点，面对的是工作中的领导。因此，若能选在工作单位以外的环境，在规定时间内以彻底脱离工作的方式进行沟通，情况就会好很多。

日本三井物产公司有一项"星期五下午茶"制度，即每个星期五下午三时，公司各部门员工以喝茶的方式聚集到大型休息室内，大家一边喝茶、喝热饮、喝咖啡、喝红酒，一边随意讨论。沟通的对象可以是平级同事，也可以是上司或下属；沟通的内容可以是工作，可以是生活，也可以是八卦新闻。

这种沟通机制，使员工的身心都得到了彻底放松，能够感受到同事的关心，上级的信任和下级的敬佩。在和谐的氛围之下，工作中一些比较敏感或尖锐的问题也更容易交流，工作中产生的一些误会也有机会化解。凭借这种信任，三井物产公司的员工的团结度一直很高，成为企业界的楷模。

以企业的名义建立起的沟通方式，在很多情况下还是有些生硬，因为员工需要进入那个环境中才有机会展开沟通。但日常的一些小问题是需要随时通过沟通来解决的，若是迁延时日将不利于工作展开。因此，企业应建立公共沟通渠道，实现员工与员工之间、领导者与员工之间的随时沟通。

在网络通信工具刚刚兴起之时，和记黄埔就引入了一款即时通信工具——IMO，在公司内部构建起一个能覆盖所有员工的沟通平台，员工之间、各部门之间可以直接利用这个平台进行沟通。IMO的电子公告能够将信息及时准确地传递给每一名员工，电子公告可以同步发送到员工的手机上，让不在线的员工也能及时收到信息。

如今，所有企业都通过即时通信工具建立起公共沟通渠道，使员工能够在工具平台上及时地接收并传递企业的内外部信息，实现了零距离沟通。

跨度沟通作为突破局限的沟通方式，对于企业的发展具有深远的影响。通过不断的努力和实践，企业将能够充分发挥跨度沟通的潜力，进一步突破局限，迎接更为广阔的发展空间。

八向沟通，求同存异

作为管理行为的组成部分，沟通是为了实现企业目标，黏合企业内部的运作关系，整合企业内外部的各种资源，实现相互支持、相互配合、相互助力。

管理沟通从最一般的意义上来说，是为了达到管理的目的而进行的信息交流或通信联络。这种交流或联络的本质与目的就是"通"（见图6-4）。

- 管理沟通必须遵循一定的目标。
- 管理沟通不仅要传递信息，而且要实现信息的理解和创新
- 管理沟通需要明确信息发送者、信息接收者、信息传递方式、信息的编码和解码、信息的发送和接收等一系列环节
- 管理沟通不仅涉及信息的发送者和接收者，而且涉及所有其他参与者以及他们之间的正式和非正式的组织联系等

图6-4　从不同的角度理解"通"

管理沟通贯穿于整个管理过程之中，渗透在管理的一切方面和全过程。从组织结构的角度来看，管理的本质就是一系列的沟通活动，管理的过程就是一个连续的沟通过程，是一个从有效的沟通开始到产生期望绩效为终的过程。在管理中，"有效的沟通"十分重要，因为管理的主体是人，而人的行为要受到多种因素的影响，且这些因素又是复杂的、动态的。所以，要想实现有效管理，就必须充分了解各种因素的实际状况与变化要求等信息，并在此基础上做出决策和付诸行动。因此，没有有效的沟通，管理者就不可能达成与员工之间的相互了解和理解；没有有效的沟通，管理者就难以获得关于工作任务、目标要求、计划意图等方面的信息；没有有效的沟通，管理者就难以进行有效的组织和协调。

为了达到这样的目的，需要运用各种沟通方法，在此推荐"八向沟通"。传统的管理沟通大多是单向的或双向的交流。然而，随着知识经济时代的到来和市场竞争的不断加剧、变化，这种单向或双向的管理沟通方式已经不适应企业管理的需要了。为此，需要突破传统的思维定式，拓宽管理沟通的思路，更新管理沟通的方式，以促进企业的可持续发展。在当今企业实践中，"八向沟通"正在被越来越多的企业所采用。

"八向沟通"是一种重要的管理沟通策略，强调在管理沟通中必须把握好八个"方向"，即向下了解实情、向上反映实情、横向加强了解、斜向注意协调、向左尊重员工、向右尊重领导、向内谋求协作与向外广为联系。

（1）向下了解实情。管理者必须向下深入实际、深入基层之中，通过多种方式和渠道全面了解实情。了解实情是有效管理的基础和前提。只有全面掌握了基层的真实情况、存在的问题和员工的实际需要，才能为正确决策提供可靠的依据；只有深入基层、深入群众，才能真正了解员工的所思所想和他们的利益要求；只有通过了解实情这一过程，才能更好地培养和提高员工的主人翁意识和归属感等。

向下了解实情的策略是多种多样的。比如，①通过各种会议，如经理接待日、民主生活会等了解工作情况。②通过个别交谈或家访等形式了解员工的思想状况和家庭情况等。③通过问卷调查、重点调查以及民意测验等多种方式，获取有关信息和资料。

例如，某公司为了了解员工的工作状态和困难，实施了"领导与员工对话"机制，定期安排管理者与员工进行面对面交流，听取员工的意见和建议，帮助解决实际问题。

（2）向上反映实情。管理者在向下了解实情的基础上，还必须向上反映实情。向上反映实情是管理者的重要职责之一，起到的作用有如下几个方面：①体现了上下级之间的信息交流和联系。②有助于上级了解下级的实际情况并做出正确的决策。③有利于下级向上级汇报自己的工作情况并争取上级的支持和指导等。

向上反映实情时应注意以下几点：①及时准确地将上级的指示精神传达到基层和员工中去。②实事求是地反映基层情况和员工意见。③站在上级的角度考虑问题，并提出切实可行的建议和措施。④注重反馈工作的落实情况，并按照上级的要求进行认真总结和汇报等。

例如，某部门经理在工作中发现了一个影响产品质量的问题，及时向上级领导汇报，并提出了解决方案。上级领导根据他的汇报，迅速组织资源进行了改进，提高了产品质量。

（3）横向加强了解。管理者需要注重与其他部门间的沟通和协作，以实现资源的共享和相互支持。在企业的实际工作中，由于各部门之间的工作性质和职责不同，容易出现一些相互扯皮、推诿等现象，这将对企业的整体效益产生不良影响。因此，横向加强了解的目的就是解决部门之间的协调问题，加强合作与交流。

为了实现横向加强了解的目标，可以采取多种形式如召开部门"联席会议"、互访机制等来加强部门之间的联系与协作。

例如，某公司的销售部门与生产部门之间存在沟通不畅的问题，导致交货期经常延误。为了解决这个问题，两个部门的管理者共同制定了定期沟通的机制，互相通报销售预测数据和生产进度，确保按时交货。

（4）斜向注意协调。斜向协调是指在部门之间、岗位之间或个人之间，通过非正式或正式的渠道，就某些具体事项进行跨部门、跨岗位的沟通与协商，以达成某种共识或解决方案。斜向协调的目的在于减少重复和交叉工作，提高工作效率，确保各部门之间工作的顺畅进行。

斜向协调与横向了解有些相似，因此经常被搞混，但横向了解多数是为了加强合作，而斜向协调多数是避免出现重复或交叉的现象。斜向协调可以通过定期召开跨部门协调会议、指定专人负责协调工作等方式实现。

例如，某公司的人力资源部门与财务部门在处理员工福利问题时出现了不一致的情况，导致员工的不满。人力资源部门与财务部门的负责人及时进行了沟通与协商，最终达成了一致意见，避免了问题的进一步恶化。

（5）向左尊重员工。管理者必须时刻牢记群众路线的重要性，尊重员工的意愿和需求，维护员工的利益。在管理沟通中，要尊重员工的话语权和参与权，积极听取员工的意见和建议，让员工参与到决策和执行的过程中来。这样不仅可以提高工作效率和员工满意度，还可以增强企业的凝聚力和向心力。

尊重员工在管理沟通中的具体表现有以下几个方面：①尊重员工的意见和建议，给予他们充分的表达机会，不轻易打断或否定。②对于员工的意见和建议，及时给予回应，让其感受到自己的观点被重视。③了解员工的情绪变化，关心他们的生活和工作状况，给予适当的支持和帮助。④关注员工的需求和期望，尽可能地满足他们在工作和发展上的要求。⑤对员工的付出和贡献给予肯定和赞赏，让他们感受到自己的价值。

例如，某"社区委员会"定期组织员工参与社区活动和决策讨论，让员工感受到自己的价值和重要性，提高了他们的归属感和忠诚度。

（6）向右尊重领导。与领导之间的沟通是管理沟通中不可或缺的一部分。向右尊重领导，意味着对领导的权威、智慧和经验表示敬意，同时认真对待领导的意见和建议。

尊重领导在管理沟通中的具体表现有以下几点：①明确沟通的目的和预期结果，确保沟通有针对性。②提供充分的信息和背景资料，帮助领导更好地理解问题。③保持谦逊和敬重的态度，避免过于自信或冲动。④对于领导的指示和要求，要及时反馈执行情况和结果，让领导了解工作进展。⑤保持诚信和透明度，不隐瞒或歪曲事实。

例如，某公司部门经理在与上级领导沟通时，总是能够明确提出自己的工作思路和计划，并提供充分的背景资料和数据支持。同时，他还会认真听取领导的意见和建议，对领导的决策意图进行深入了解。

（7）向内谋求协作。企业要实现可持续发展，必须注重内部管理和协作。在管理沟通中,要注重内部信息的传递和交流,促进各部门之间的协作和配合。只有内部管理顺畅,才能更好地应对外部挑战和机遇。

管理者在内部沟通中,强调团队协作、共同目标和信息共享,以达到更好的协作效果。这种沟通方式有助于提高团队的凝聚力,增强员工的归属感,提升工作效率。

例如,某公司在推出新产品前,先进行了内部沟通和协调工作,确保各部门对产品的定位、推广策略等达成一致意见。这样在产品上市后,各部门能够默契地协作,快速响应市场变化和客户需求。

(8)向外广为联系。现代企业的发展越来越需要借助外部资源来增强自身的竞争力。企业需要与供应商、客户、金融机构、政府部门等建立广泛的联系,以便获取更多的商业机会、资金支持、政策扶持等资源。同时,也要注重与外部利益相关方的沟通和协调,以实现共赢和发展。

在向外广为联系的过程中,管理者需要具备良好的公关能力和人际关系处理技巧,同时,还需要注意遵守法律法规和商业道德规范,维护企业的形象和声誉。

例如,某公司拥有一款智能家居安全设备,该设备能够通过手机应用程序远程监控家中的安全状况。为了将产品推向市场,公司分别与多个外部利益相关者建立联系,包括供应商、分销商、媒体和公众等。最终成功地将智能家居安全设备推向市场,并与外部利益相关者建立了良好的合作关系。

综上所述,"八向沟通"是一种有效的管理沟通策略。通过各个方向的共同出击,可以促进企业内部信息的传递和交流、增强企业的凝聚力和向心力、提高工作效率和员工满意度等。企业应该根据自身实际情况灵活运用"八向沟通"策略,以适应不断变化的市场环境和企业发展需求。

第七章
激励赋能：通过点燃热情鼓舞人心

激励赋能是管理的核心环节，通过点燃员工的工作热情，激发他们的内在潜能，从而鼓舞团队士气，提升整体绩效。管理者应当了解员工的需求，制定出有针对性的激励措施。

表彰卓越,认可员工的贡献与价值

在全球化和知识经济的时代背景下,企业间的竞争越发激烈,这种竞争在很大程度上来源于人才。因此,对员工的贡献和价值进行认可和表彰,是激发员工积极性和创造性的重要手段。

每个人都渴望得到他人的认可和赞赏。对员工的能力和贡献进行表彰,是对他们工作的肯定和价值的认可。这样不仅能够增强员工的自信心,还能够使他们感受到企业的关怀和重视。

当员工的努力得到认可时,他们会更愿意投入工作中,不断挖掘自身的潜力。这种积极向上的工作氛围,有助于激发员工的创造力和创新能力,为企业带来更多的价值。

一家注重员工的贡献与价值的企业,会在业界获得良好的口碑。这样的企业,更容易吸引和留住人才,从而提高企业的整体竞争力。

通过表彰卓越,能够激发员工的积极性和工作热情,加强企业内部的凝聚力与团队合作。那么,如何实现表彰卓越、认可员工的贡献与价值呢?可以采取以下几个措施。

(1)设立多元化的表彰体系。企业应根据自身的特点和员工的需求,设立多元化的表彰体系。例如,可以设立年度优秀员工、最佳销售员、最佳团队等奖项,从不同角度和层面肯定员工的贡献。表彰犹如"双刃剑",

用好了可以极大地促进员工的工作主动性，但如果运用不当，反而会损害员工的工作热情，因此表彰体系的设立必须遵循相关原则（见图7-1）。

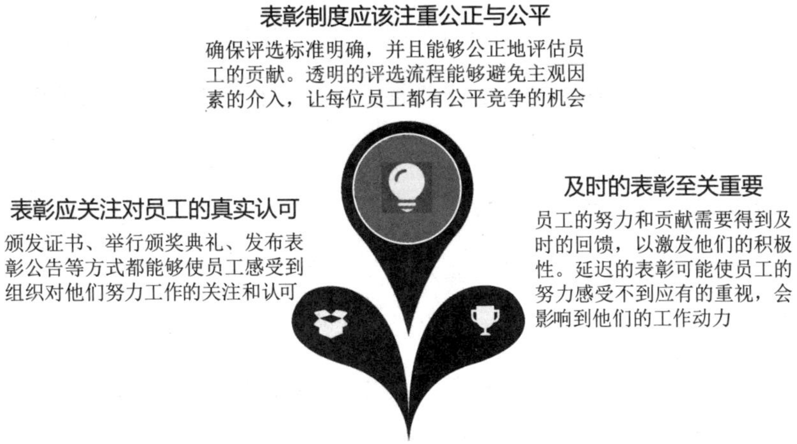

表彰制度应该注重公正与公平
确保评选标准明确，并且能够公正地评估员工的贡献。透明的评选流程能够避免主观因素的介入，让每位员工都有公平竞争的机会

表彰应关注对员工的真实认可
颁发证书、举行颁奖典礼、发布表彰公告等方式都能够使员工感受到组织对他们努力工作的关注和认可

及时的表彰至关重要
员工的努力和贡献需要得到及时的回馈，以激发他们的积极性。延迟的表彰可能使员工的努力感受不到应有的重视，会影响到他们的工作动力

图7-1　设立表彰体系的原则

（2）制定公平的评选标准。评选表彰对象时，应制定公平、公正、公开的标准。这需要企业在日常工作中，对员工的绩效进行客观、准确的评估。此外，评选过程应保持透明，确保每一位员工都有公平的获奖机会。

（3）鼓励员工参与评选过程。企业应鼓励员工参与到表彰评选的各个环节中，如制定评选标准、参与评选等，可以增强员工对评选结果的信任感和认同感。

（4）重视精神奖励和物质奖励的结合。表彰奖励不仅包括物质奖励，如奖金、礼品等，还应包括精神奖励，如荣誉证书、晋升机会等。企业必须根据员工的实际需求，结合物质和精神奖励，让员工感受到企业对他们贡献的重视。

（5）发挥管理层的示范作用。管理层在表彰活动中起着重要的示范作用。企业各级管理者应积极参与到表彰活动中，表达对员工贡献的认可和赞赏，为员工树立榜样。

总而言之，在管理中，表彰卓越始终是一项不可或缺的工作。很多企业都已经清楚这项工作对鼓舞员工士气和聚拢人心的重要性，也都在积极推行。但现实却是，并非只要推行就能得到预期的效果，因为实施的措施是错误的，导致结果距离预期越来越远。在此，我们以华为公司为例，看看正确的表彰卓越应该如何实施。

华为公司既是中国的一家高科技企业，也是全球知名的通信设备供应商。华为在发展过程中，非常注重对员工的表彰和激励。以下是一些华为在表彰卓越、认可员工贡献与价值方面的实践。

◆设立多元化的奖项——华为设立了多元化的奖项，如"金牌员工""年度最佳销售员""优秀团队"等。这些奖项从不同角度肯定了员工的贡献，让员工感受到自己的付出得到了企业的认可。

◆公平公正的评选机制——华为在评选表彰对象时，不仅制定了严格的考核标准和评选流程，还鼓励员工参与到评选过程中。公司通过绩效管理系统对员工的工作表现进行客观、准确的评估，确保评选结果的公正性和准确性。

◆物质和精神奖励相结合——华为在奖励员工时，不仅提供丰厚的物质奖励，如奖金、股票期权等，还注重给予员工精神上的满足。例如，华为为获奖员工举办隆重的颁奖典礼、提供晋升机会等，使员工感受到企业的关怀和认可。

◆领导层的支持——华为的高层领导非常重视对员工的表彰工作。公司CEO任正非经常在各种场合强调对员工的认可和激励，并在公司内部讲话中强调"让有贡献的员工先富起来"。这种来自高层领导的表态和支持，极大地提高了员工的工作积极性和创造力。

◆建立良好的企业文化——华为注重培养良好的企业文化，提倡团队合作、创新进取的精神。在这种文化的熏陶下，员工能够感受到企业的凝聚力和向心力，更加积极地投入工作中。同时，华为还通过开展各种形式的培训和拓展活动，提高员工的综合素质和团队协作能力，为企业的长期发展奠定基础。

◆持续改进表彰体系——华为定期收集员工对奖励和认可机制的反馈意见，以便不断完善相关政策和措施。此外，华为还通过与其他企业交流、借鉴国际先进经验等方式，不断完善其表彰体系，确保其能满足和应对员工的需求和市场变化。

◆强化内部沟通与反馈——华为建立了完善的内部沟通渠道，鼓励员工提出意见和建议，以便及时了解员工的需求和关注点。

综上所述，华为公司通过多种正确的策略措施，实现了对员工贡献与价值的认可与表彰。这些实践为其他企业提供了宝贵的经验和启示，有助于提高员工的工作积极性和创造力，增强企业的竞争力。

在国内外的众多企业中，还有很多类似的案例。这些企业的成功经验表明，表彰卓越、认可员工的贡献与价值是激发员工潜力、提升企业竞争力的重要手段。因此，企业应重视对员工的认可和激励，不断反思和改进表彰体系，以适应不断变化的市场环境和企业发展需求。

在未来，企业应继续关注员工的成长和发展，为他们提供更多的培训和学习机会。同时，企业还应注重培养员工的创新意识和团队合作精神，以提升企业的整体实力。而在这个过程中，有效的表彰体系将是不可或缺的一环。只有这样，企业才能在激烈的市场竞争中长期屹立。

人才盘点,给更有价值的人更多激励

在商业竞争中,人才是企业最宝贵的资源。拥有优秀员工队伍的企业,才可能战胜一切挑战,将机会转化为胜利。然而,许多企业在人力资源管理方面仍存在诸多问题,其中最突出的问题是激励不足和资源配置不当。为此,人才盘点成了现代企业的重要管理工具,其核心目标是通过精准评估和激励措施,让更有价值的人得到更多的激励,从而提高企业的整体效能。

人才盘点是对企业人力资源进行全面梳理和评估的过程,旨在了解现有人才队伍的结构、能力、潜力等,以便为企业制定合适的人才战略和政策提供依据。

(1)优化人才结构。通过人才盘点,企业可以对员工的素质、能力和潜力进行评估,从而发现人才结构的不足之处,以便及时进行调整,优化人才队伍。

(2)发掘潜力人才。通过人才盘点,企业可以识别和发掘高潜力人才,为他们提供更多的发展机会和激励措施。

(3)提高人才利用率。通过人才盘点,企业能够更清楚了解内部人才的分布和需求,更好地根据员工的专长和潜力进行岗位调整,优化人力资源配置。

人才盘点不仅有助于企业的长远发展，还能为员工的个人成长提供更好的平台。通过合理的激励措施，企业能够激发员工的潜力，使他们更加投入工作，提高工作效率和质量。同时，人才盘点还有助于构建和谐的企业文化，增强员工的归属感和忠诚度。

阿里巴巴在人才盘点方面，采取了分层分类的人才盘点体系。通过对不同层级和职能的员工进行全面评估，企业能够了解员工的优势和不足，从而制定更具有针对性的激励措施。阿里巴巴的人才盘点不仅关注员工当前的表现，更重视其潜力和未来的发展。对于高潜力的人才，公司提供了丰富的培训资源和晋升机会，激励他们不断成长。同时，阿里巴巴还注重内部人才的横向流动，让更有价值的人在不同的岗位上发挥更大的价值。

谷歌认为，优秀的人才往往能够创造卓越的业绩，而发掘这些人才的潜力是关键。因此，谷歌通过一系列的人才盘点工具和方法，全面评估员工的技能、价值观和潜力。在谷歌，员工被分为不同层级，每个层级都有明确的评估标准和发展要求。通过定期的人才盘点，谷歌能够及时发现高潜力的人才，并为他们提供更多的培训机会和激励。此外，谷歌还鼓励内部竞争和团队合作，让员工在相互激励中成长。

上述两个案例，虽然阐述得相当简练，但反映出的内容却足够丰富，呈现了对人才从评估到发掘、培训、晋升、激励的系列式盘点，体现了企业对有价值人才的多样化激励。那么，结合案例，我们可以总结出运用人才盘点为更有价值的人提供更多激励的具体方法，内容如下：

（1）建立科学的人才评估体系。企业应建立一套完善的人才评估体系，包括明确的标准、公正的流程和专业的评估团队。通过多维度的评估，全面了解员工的综合能力和潜力。

（2）关注员工个人发展。除了评估员工当前的表现，还要关注他们的职业规划和成长需求。提供个性化的培训和发展计划，帮助员工提升技能、拓展视野。

（3）激励措施多样化。针对不同类型和价值的人才，采取多样化的激励措施。除了传统的薪酬和福利体系，还可以考虑提供股票期权、奖金计划、晋升机会等激励手段。

（4）动态调整人才配置。定期进行人才盘点，根据企业的发展战略和市场环境调整人力资源配置。对于表现优异的人才给予更多的机会和挑战，激发他们的创造力和潜能。

（5）建立良好的反馈机制。通过定期的绩效评估和人才盘点结果反馈，让员工了解自己的优势和不足之处。与员工进行开放、坦诚的沟通，共同制订改进计划和职业发展目标。

（6）鼓励内部竞争与合作。在激励优秀人才的同时，也要注重团队协作和内部竞争的平衡。通过合理的激励机制设计，激发员工的竞争意识与合作精神，共同推动企业发展。

（7）不断优化人才管理流程。随着市场环境和企业文化的发展变化，人才管理的策略和方法也应不断调整优化。企业应持续改进人才盘点体系、完善激励机制、优化人才配置等方面的工作，确保人力资源管理与时俱进。

（8）培养人力资源管理专业人才。拥有一支专业、高效的人力资源管理团队是实施人才盘点的关键。企业应加强对人力资源从业者的培训与指导，提高他们的专业素质和管理能力。同时，也要吸引更多优秀人才的加入，为企业的长远发展注入新的活力。

（9）结合企业战略实施人才盘点。将人才盘点与企业战略紧密结合是确保人力资源管理效果的重要途径，在充分发挥人才盘点战略价值时必须注意的是：①企业在制定战略目标时应充分考虑人力资源的实际情况和发展需求。②在实施战略过程中应该注重人才的选拔与培养。③在评估战略成果时应该将人力资源的因素纳入考量范围之内。

运用人才盘点为更有价值的人提供更多激励，需要企业在实践中不断探索和创新，建立健全完善的人才管理体系，打造一支高效的人力资源管理团队。并结合自身实际情况，制定符合发展战略的激励政策，这样才能真正发挥出人才盘点的优势，实现企业与员工的共同发展。

物质保障，忠诚是双向的

在当今的商业环境中，人才是企业最重要的资产。吸引并保留这些宝贵的人才需要企业提供充分的物质保障。物质保障不仅是一种基本的生存需求，更是影响员工忠诚度的重要因素。本节将深入探讨物质保障在员工忠诚度中的作用，并通过一个实际的企业案例进行具体阐述。

物质保障是企业为员工提供的基本生活所需，如薪资、福利等。这些基础物质条件是员工生活质量的重要保证，也是他们维持家庭稳定、实现个人发展的重要支撑。企业通过提供合理的薪资和福利待遇，满足员工的物质需求，有助于增强员工的归属感和忠诚度。

忠诚度不仅仅是员工对企业单向的承诺，也包含企业对员工的承诺。在这个过程中，员工与企业彼此信任、共同成长。员工忠诚度的建立需要企业提供足够的物质保障，使员工无后顾之忧，从而全心全意地投入到工作中。而员工对企业的忠诚则表现为高度的责任心、积极的参与以及长期的承诺。

某公司是一家快速发展的人力资源管理企业，其成功的秘诀在于注重物质保障与忠诚度的双向关系。该公司创始人深刻理解，只有确保员工的基本物质需求得到满足，才能赢得员工的忠诚。因此，该公司非常关注如下五项重要事情，并且要求全公司上下必须百分之百做到位。

◆全面的薪酬体系——公司制定了具有竞争力的薪酬体系，确保员工的薪资水平与市场接轨。公司每年进行市场薪酬调研，以确保薪酬水平始终保持在行业前列。此外，公司还为员工提供丰厚的奖金计划，以激励员工创造卓越的业绩。

◆完善的福利制度——除了高薪，公司还为员工提供了一系列福利计划，包括健康保险、退休金计划、年度旅游以及家庭医疗保险等。公司创始人认为，福利是吸引和留住人才的关键因素之一，因此该公司始终在福利制度上保持行业领先地位。

◆职业发展机会——公司创始人深知，为员工提供职业发展的机会是培养忠诚度的关键。因此，公司鼓励内部培训和职业发展规划，为员工提供晋升机会和职业成长空间。此外，公司还与业界知名的培训机构合作，目的是为员工提供高质量的职业培训课程。

◆员工满意度调查——为了更好地了解员工的满意度和隐性需求，公司定期进行员工满意度调查。通过这种方式，公司可以及时发现并解决员工面临的问题，从而提高员工的忠诚度。

◆文化价值观——公司强调团队合作、互相尊重和持续学习的企业文化价值观。这种文化价值观有助于培养员工的归属感和忠诚度，使他们更加积极地参与工作，为公司的发展做出贡献。

通过以上措施的实施，该公司成功地吸引了大量优秀的人才，并且保持了员工的高忠诚度。公司的业绩逐年提升，成为行业的佼佼者。这充分证明了物质保障与忠诚度之间的紧密联系和双向共赢的关系。

由此可见，物质保障是建立员工忠诚度的基础。企业要重视员工的物质需求，提供具有竞争力的薪资和福利待遇，确保员工的基本生活需求得到满足。在此基础上，企业还应关注员工的职业发展需求，为他们提供成长机会和发展空间。这样不仅能够提高员工的归属感和忠诚度，还能进一步增强员工对企业的向心力，主动为企业创造更大的价值。

在实际操作中，企业可以根据自身情况和行业特点，制定具体的物质保障措施和人才培养策略。通过全方位的物质保障措施和人才培养计划，企业可以吸引和留住优秀的人才，实现可持续的发展目标。

因此，物质保障是培养员工忠诚度的基石，企业在人力资源管理中应注重满足员工的物质需求，并提供良好的职业发展机会，营造积极的企业文化氛围。通过这些措施的实施，企业可以建立与员工之间的双向忠诚关系，从而为企业创造更大的价值与竞争优势。

业绩驱策，不断达成更高绩效

随着市场竞争的不断加剧，企业对于业绩的追求也日益迫切。如何通过有效的管理手段，激发员工潜力，提升企业整体绩效，已成为众多企业家和企业管理者关注的焦点。本节将结合理论＋案例的形式，探讨如何通过业绩驱策，不断达成更高绩效。

（1）明确目标，制定科学的业绩评价体系。目标是企业发展的指南针，一个明确、可行的目标能够激发员工的积极性，提升企业的整体绩效。在制定目标时，管理者需充分考虑市场环境、企业资源和发展战略，确保目标的科学性和可行性。同时，制定一套与目标相匹配的业绩评价体系，以便对员工的业绩进行量化评估。

某销售公司在制定年度目标时，充分分析了市场需求、竞争对手状况及自身资源优势，最终确定了销售收入、客户满意度和市场份额等关键绩效指标（KPI）。为了确保目标的实现，公司还制定了相应的业绩评价体系，将员工的薪酬、晋升与业绩挂钩，从而激发了员工的积极性和创造力。

（2）激励机制，激发员工潜力。激励机制是提升企业绩效的重要手段之一。管理者须根据员工的实际需求和心理特点，设计一套科学合理的激励机制。通过物质激励、精神激励等多种方式，激发员工的积极性和创造力，使其能够全身心地投入工作中。

某互联网公司在激励机制方面做得非常出色，设立了多元化的奖励体系，包括股票期权、绩效奖金、晋升机会等。员工可以根据自己的业绩和贡献值获得相应的奖励，这种奖励机制不仅激发了员工的潜力，还提升了公司的整体绩效。

（3）持续改进，优化管理流程。企业的管理流程是否科学、高效，直接影响到企业的整体绩效。管理者需定期对管理流程进行评估和优化，通过改进管理流程，提高工作效率，降低成本，提升企业的竞争力。

某制造企业为了提高生产效率，不断对生产流程进行优化。通过对生产线布局、设备配置、工艺流程等方面的改进，降低了生产成本，提高了生产效率。同时，企业还引入了先进的生产管理系统，实现了生产过程的数字化和智能化，进一步提升了企业的竞争力。

（4）培养人才，提升团队能力。人才是企业发展的核心资源，培养人才、提升团队能力是提升企业绩效的关键。管理者须关注员工的职业发展需求，提供培训和发展机会，帮助员工提升技能和能力。同时，建立良好的团队文化，增强团队的凝聚力和协作能力，以更好地应对市场挑战。

某科技公司非常重视人才培养和团队建设，定期开展内部培训和外部培训项目，帮助员工提升技能和知识水平。此外，公司还建立了良好的团队沟通机制和协作文化，鼓励员工跨部门合作，共同解决问题。这种人才培养和团队建设的方式不仅提升了员工的能力和满意度，还为企业的发展提供了有力的人才保障。

（5）创新引领，打造核心竞争力。创新既是企业发展的动力源泉，也是打造企业核心竞争力的关键。企业管理者须鼓励员工勇于创新、敢于尝试，不断推出新产品、新技术和新服务，以满足市场需求。同时，注重知识产权保护，为企业创新提供法律保障。

某手机制造厂商在激烈的市场竞争中不断创新突破，鼓励员工提出创新意见和建议，并设立了专门的创新基金支持创新项目。同时，注重知识产权保护，通过申请专利等方式保护企业的创新成果。这种创新引领的方式使企业在市场竞争中保持领先地位，为企业创造了巨大的商业价值。

（6）关注用户体验，提高品牌美誉度。客户是企业的重要资产，关注客户体验、提高品牌美誉度是提升企业绩效的重要途径。企业管理者须关注客户需求和市场反馈，不断优化产品和服务质量，提高客户的满意度和信任。同时，加强品牌建设和管理，提升品牌的知名度和美誉度。

某电商企业非常注重客户体验和品牌建设，通过市场调研和数据分析了解用户需求和市场反馈，针对用户需求进行产品设计和功能优化，提供个性化的用户服务，并及时解决用户问题和投诉。通过综合性提升用户体验，该企业在市场上树立了良好的品牌形象，提高了品牌美誉度，从而吸引了更多用户，促进了企业的发展。

因此，在业绩驱策的环境下，员工会更加专注于工作成果，以完成目标为动力，从而推动企业不断向前发展。这种管理方式能够激发员工的积极性和创造力，使他们更加专注于工作，不断挖掘自身潜力，以达成更高的绩效。然而，业绩驱策并不意味着只关注数字，而忽略了员工的成长和福祉。一个健康的业绩驱策环境需要平衡员工的个人发展和企业的整体利益，让员工在实现个人价值的同时，为企业的发展贡献力量。

精神勉励，获得成就感是最大的激励

管理大师彼得·德鲁克在管理的三大任务中提出：让工作富有成效，让员工具有成就感。这一观点给我们带来很多启发和思考。

行为经济学家弗雷德里克·赫茨伯格做过一个很有趣的实验，他向每一个参与实验的人问："在你过去的工作中，什么时候、什么阶段的状态最好？举三个例子分析一下是什么原因让我们满怀激情？"

经过一段时间的调研后，赫茨伯格发现了一个规律——当人们回忆起那些满怀激情、创意不断的场景时，通常会提到人生、意义、赏识、提升、成长、责任、成就感等激励因素，很少谈及工资、福利、地位、安全等其他因素；只有在人们回忆起让自己不愉快的场景时，才会更多提到其他因素，而根本不会在意激励因素。

因此，赫茨伯格做出总结：导致员工满意的全部因素中，80%是激励因素；导致员工不满的全部因素中，只有30%是激励因素。

正是这个发现让我们理解了，德鲁克为什么从不轻易谈激励，因为他明白，激励不是最基本的物质和职位，而是更高层次的精神世界的满足。让员工工作有效，就需要打开员工的精神世界，借助成就感将其带入一个更高的境界中，让其能够更深刻地认识到为什么必须努力工作。

成就感，这个看似简单的词语，却蕴含着极大的力量。它犹如一颗火种，能点燃人们内心的激情，驱使人们不断向前，攀登更高的巅峰。在精神勉励的世界里，成就感无疑是最大的激励。

国内某知名企业中，有一个颇具规模的软件开发团队。这个团队曾经面临着一项艰巨的任务：开发一款具有国际竞争力的新产品。由于任务的复杂性和紧迫性，团队成员们倍感压力，重压之下不仅没有激起斗志，反而士气低落。此时，企业高层管理者没有选择简单的物质奖励来激励员工，而是采取了更为巧妙的成就感激励方式。

管理者首先召集团队成员进行了一次坦诚的沟通，详细解释了项目的意义和重要性，并表达了对团队成员的信任和期望。鼓励大家发挥自己的创造力和协作精神，共同攻克难关。这次沟通不仅缓解了团队成员的紧张情绪，还激发了他们的斗志。

为了进一步调动团队的积极性，企业制定了一套精神勉励机制。设立了"月度优秀员工"奖项，每月评选出一位在项目中表现突出的员工，并给予公开表彰和奖励。这一举措极大地提升了员工的荣誉感和成就感，促使大家更加努力地工作。

此外，管理者还需要特别关注员工的成长和进步，鼓励员工参加专业培训和经验分享会，并为员工提供充分的学习资源。当员工在项目中取得重大突破或提出创新性建议时，企业会及时给予肯定和赞赏，使员工充分感受到自己的价值。

随着时间的推移，这支软件开发团队逐渐展现出强大的凝聚力和创造力。在管理者的悉心指导下，团队成员们相互支持、共同进步，最终成功地开发出了具有国际竞争力的新产品。这一成果不仅为企业带来了巨大的商业价值，还提升了团队成员的自信心和成就感。

从这个案例可以看到，精神勉励和获得成就感在激励员工方面起到了至关重要的作用。与单纯的物质奖励相比，这种激励方式更加关注员工的内心需求和精神满足。通过沟通、信任、认可和成长机会等方面的支持，管理者帮助员工激发内在动力，使他们更加积极主动地投入工作中。

为了实现有效的激励，企业领导者应充分认识到精神勉励的重要性。在日常工作中，多关注员工的情感需求，加强与员工的沟通与互动；在奖励机制上，除了给予物质奖励，注重给予员工精神上的鼓励和支持；在职业发展上，为员工提供成长的空间和机会，帮助他们实现个人价值。

总之，精神勉励和获得成就感是实现有效激励的关键因素。通过满足员工的内心需求和精神追求，企业领导者可以激发员工的积极性和创造力，从而为企业的发展注入源源不断的动力。这种以人为本的激励方式有助于构建和谐的企业文化，提升团队的凝聚力和竞争力，让企业在激烈的市场竞争中实现战无不胜。

股权分享,点燃员工的"事业心"

在现代企业中,随着知识经济的崛起和市场竞争的加剧,企业越来越依赖员工的创造力和自主性。传统的薪酬激励方式,如固定工资＋奖金＋年终奖,甚至＋年底分红,已经无法满足员工尤其是核心人才的多元化需求。因此,越来越多的企业开始尝试将股权分享作为一种新的激励机制。通过让员工持有企业的股份,能够有效点燃员工的"事业心",让员工从"为公司工作"转变为"为自己的事业奋斗",从而实现企业与员工的共同成长。

首先,股权分享让员工成为企业的"主人翁"。传统的员工激励机制主要通过提高薪资、发放福利等物质待遇激发员工的工作积极性。然而,这种激励方式往往只能带来短期的效果,难以实现员工与企业的长期绑定。股权分享则能让员工真正成为企业的"主人翁",让员工与企业共享发展成果,从而激发员工的长远规划和事业心。

其次,股权分享促进企业人才储备和培养。股权分享机制能够让员工看到自己在企业中的价值,从而增强员工的归属感和忠诚度。员工在获得股权后,会更加关注企业的长远发展,会主动参与企业的管理和创新。在这个过程中,企业不仅能够储备一批具有事业心的优秀人才,还能够培养出具备管理能力和创新精神的员工。

再次，股权分享实现企业与员工的共赢。股权分享机制能够将企业的利益与员工的利益紧密结合起来，实现企业与员工的共赢。当企业实现盈利时，员工的股权价值也会随之上涨，从而让员工享受到企业发展的红利。这种激励机制能够激发员工的工作积极性，提高工作效率，推动企业实现高质量发展。

最后，创新股权分享机制，激发员工事业心。为了更好地发挥股权分享的激励作用，企业可以根据自身的实际情况，创新股权分享机制。例如，设立股权激励基金，用于奖励具有创新精神和事业心的员工；实施阶梯式股权激励制度，让员工在不同的阶段享受到不同的股权收益，以激发员工不断进取的动力。

因此，股权分享作为一种创新型的员工激励机制，能够有效点燃员工的事业心，提高企业的核心竞争力。企业应充分发挥股权分享的优势，不断创新激励机制，激发员工的工作积极性，实现企业与员工的共同成长。

NVIDIA（英伟达）公司自创立之初就秉持着创新、激情和卓越的理念，经过多年的发展，已成为行业的佼佼者。在公司发展的关键阶段，高层管理者意识到要想保持持续的创新和竞争优势，就必须激发员工的"事业心"，让他们不仅仅是执行任务的员工，更成为企业发展的合作伙伴。于是，公司决定实施股权分享计划，具体操作如下。

◆公司每年根据员工的岗位、绩效和贡献，确定一定数量的股份，以低于市场价格的方式授予员工。

◆员工所持有的股份可以参与公司的年度分红，也可以在公司上市后进行交易。

◆公司对股权分享计划进行了充分的透明化管理，让员工清楚了解公司的经营状况和未来发展计划。

◆公司设立了股权回购计划，员工可以在持有一定期限后将所持股份以原价格卖回给公司。

实施股权分享计划后，NVIDIA 的员工面貌焕然一新，工作热情高涨，积极主动地参与到公司的各项工作中。员工不仅在工作中追求更高的绩效，还主动提出创新性的建议和意见。在公司内部形成了一种"事业心"的文化氛围，员工们真正成了公司发展的合作伙伴。

股权分享计划的成功实施也给 NVIDIA 带来了显著的业绩增长。在短短几年间，公司业务规模不断扩大，市场份额逐年提升，成为全球图形技术和数字媒体处理器行业领导厂商。这些成绩都得益于员工的创造力和自主性得到了充分的释放，员工在工作中所展现出的"事业心"成为 NVIDIA 发展的强大动力。

通过对 NVIDIA 的分析可以看出，股权分享计划在点燃员工"事业心"方面具有显著的优势。虽然有种种利好，但企业在实施股权分享计划时也需要注意一些关键因素。例如，企业需要确保股权分配的公平性和合理性，避免出现内部矛盾和利益冲突；再如，企业需要对股权分享计划进行透明化管理，让员工清楚了解公司的经营状况和未来发展方向。此外，企业还需要建立健全股权回购机制，以保障员工的利益和企业资产的安全。

股权分享作为一种激励机制，能够点燃员工的"事业心"，激发他们的创造力和自主性。通过让员工成为企业的合作伙伴和主人，企业能够促进员工的个人发展、提高他们的归属感和忠诚度、推动内部知识分享和创新氛围的形成，最终实现企业的长期发展和竞争优势的保持。

第八章
授权成就:通过权力共享获取人心

授权,是管理之核心策略,通过合理分配权力,提升团队效能。授权不仅是对下属能力的信任,更是对责任的赋予。成功的授权能调动员工的积极性,提高团队凝聚力。通过授权成就的管理艺术,来实现企业目标,共创美好未来。

激发全员领导力

在当今快速变化的市场环境中,企业要保持竞争力,必须不断创新和适应变化。传统的自上而下的管理方式已经难以满足现代企业的需求,毕竟单纯依赖少数领导者的智慧和能力,无法让企业在竞争中脱颖而出。真正的竞争力来自每一个员工,来自他们内心的创新精神和自主行动的能力。因此,为了更好地应对市场的挑战和迎接时代的变化,企业需要激发全员领导力,让每个员工都发挥其主动性和创新性。通过授权,企业可以赋予员工更多的决策权和自主权,从而激发他们的内在动力和创造力。

授权,简单来说,就是将权力下放,让员工在各自的岗位上拥有决策的权力。这不仅有助于提高员工的工作积极性和满意度,更重要的是可以激发每一个员工的领导力,让每个人都成为推动企业发展的领导者。那么,如何通过授权来激发全员领导力呢?

首先,企业需要建立一套完善的授权机制。这套机制要明确规定哪些权力可以下放,如何下放,以及如何监督和评估授权的效果。在这个过程中,企业需要充分考虑员工的岗位特点和个人能力,确保每个员工都能在授权的范围内充分发挥自己的领导力。

其次,企业要为员工提供足够的培训和支持。领导力并不是与生俱来的,因此不能寄希望于被授权者能迅速展现出领导力,必须通过学习和实践逐渐培养出员工的领导力。具体做法有内部培训、外部培训、建立"工作坊"等多种形式，帮助员工提升领导力技能，增强他们的自信心和责任感。

再次，企业要营造出鼓励创新和容忍失败的文化。领导力的发展需要不断的尝试和探索，在这个过程中，失败是不可避免的。企业高层管理者必须具备宽容失败的心胸，将失败看作成长的必经之路，让被授权者在失败中积累经验，提升领导力。

最后，企业要建立一个公平的激励机制。通过授权激发全员领导力的目的是推动企业的发展，因此，企业要通过激励机制，让那些在授权中表现突出的员工得到应有的奖励，从而进一步激发其他员工的领导力。

因此，通过授权激发全员领导力，是企业发展的重要途径。国内知名互联网公司——腾讯，就是一个通过授权激发全员领导力的成功案例。

腾讯一直秉承着"小团队、大平台"的管理理念，鼓励员工在各自的领域发挥专长，勇于创新。在腾讯，每个项目都由一个小团队负责，团队成员拥有充分的决策权和资源调配权。这种授权方式让团队成员更加积极主动地参与到项目中，发挥自己的专业知识和创造力。同时，腾讯建立了完善的知识共享平台，鼓励员工分享知识、技能和经验，以提升整个团队的竞争力，进而提升腾讯的整体竞争力。

在授权方面，腾讯的微信团队更是典型中的典型。微信从一个简单的即时通信工具，发展成为如今拥有上亿用户的综合性平台，这一成就离不开其团队成员的自主创新和合理使用决策权。微信团队拥有高度自主权，可以在试错中不断优化产品功能，满足用户需求。这种授权机制使得微信团队能够快速响应市场变化，持续推出富有竞争力的产品。

由此可见，正是通过授权激发的全员领导力，让腾讯得以在激烈的市场竞争中保持领先地位。除了腾讯,还有许多国内企业也意识到了授权的重要性。例如,华为提倡的"让听得见炮声的人决策",旨在减少管理层级,赋予一线团队更多的权力。这样可以使企业更加灵活地应对市场变化,提高运营效率。

通过授权激发全员领导力是一种先进的管理理念,要求企业给予员工足够的信任和自主权,同时建立完善的机制来保障决策的有效性和组织的稳定性。这种管理方式能够充分激发员工的潜力,提高组织的创新能力,从而增强企业的核心竞争力。

然而,企业在实施授权管理时也需要注意一些关键因素,以确保授权的有效性和组织的稳定性(见图8-1)。

明确授权范围	合理授权内容	建立沟通机制	制定决策流程
清晰界定每个员工的职责和权力范围,避免出现权力重叠或空白	根据员工的职位和专业技能,合理分配工作任务和决策权,确保工作的顺利开展	确保管理层与员工之间、员工与员工之间的信息交流畅通无阻	制定明确的规则和流程,以保障决策的有效性,并规范员工的决策行为
培养员工能力	建立激励机制	持续改进优化	及时策略调整
重视员工的培训和发展,提供必要的培训和支持,提升员工的专业知识和决策能力	激发员工的积极性和创造力,包括物质激励、业绩激励和精神激励等	定期评估授权的效果,收集员工的反馈和建议,针对存在的问题进行改进和优化	根据发展需要和市场环境变化,不断调整授权策略,以保持管理方式的时效性和针对性

图8-1 企业实施授权管理时必须注意的关键因素

通过授权激发全员领导力,是一种富有挑战性的管理方式。企业需要在实践中不断探索、优化和完善相关机制和方法,确保授权的有效性和组织的稳定性。同时,企业也要充分信任和激励员工,激发他们的潜力与创造力,共同推动组织的发展与壮大。通过这种管理方式的实施,企业可以建立起一支充满活力、人心凝聚、富有创新精神的团队，从而在激烈的市场竞争中脱颖而出。

授人不疑，疑人不授

在现代企业管理中，授权最核心的原则，莫过于"授人不疑，疑人不授"。本节中，我们将探讨这一原则的内涵，以及如何在实际工作中贯彻执行。

授权是一种将权力下放给他人的行为。通过授权，管理层能够减轻管理负担，专注于更重要的事务，同时激发员工的主动性和创造力。

1. 授人不疑

授人不疑意味着，在选择授权对象时，管理者必须充分信任下属，相信他们具备完成任务的能力和责任心。因此，需要给予被授权者足够的自主权和决策权。

"疑人不用，用人不疑"，这是我国古人的观点。这一观点在现代企业管理中同样适用。只有信任，才能让被授权者发挥出最大的潜能，并建立良好的工作关系和团队氛围，为企业创造价值。

那么，如何判断一个员工是否值得信任呢？这需要管理者从多个角度进行考察。一方面，要观察员工的业务能力，是否具备完成任务的基本素质；另一方面，要关注员工的职业道德，是否具备诚信、敬业的品质。此外，还要注意观察员工的工作态度，是否积极主动，有责任心。只有全面评估，才能确保授权的合理性和可操作性。

在授权后，管理者需要保持与被授权者的沟通，及时了解工作进展和遇到的困难，以便提供必要的支持和指导。但这种沟通必须是建设性的，旨在解决问题和推动工作进展，而不是对被授权者的工作进行不必要的干预和质疑。

当然，信任不代表放任。在授权过程中，管理者还须明确授权的范围和权限，确保被授权者在执行任务时，不会越权行事。同时，要建立健全监督机制，对被授权者的工作进行定期督导检查，确保任务进度和质量。这样，既能发挥被授权者的主动性，又能有效避免潜在的风险。

2. 疑人不授

疑人不授意味着，在授权过程中，管理者需要仔细评估下属的素质、能力和潜力，以确保他们能够胜任所授职责。对于那些缺乏必要的素质和能力或者无法承担相应责任的下属，管理者必须谨慎考虑是否进行授权。如果对员工的能力、责任心或忠诚度存在疑虑，最好不要轻易授予权力。授权并非儿戏，一旦授权，管理者就要对被授权者的行为负责。如果授权给一个不可靠的人，轻则会导致工作进展受阻、目标无法实现，重则将给企业带来严重的不良后果。

在选择被授权者时，管理者必须综合考量员工的绩效表现、团队合作能力、道德品质、领导经验以及个人发展潜力等多个方面。为了避免授权给不可靠的人，通常管理者需要做好这几项工作：①加强对下属的了解，通过日常工作和生活中的表现，全面评估下属的能力和品质。②注重考察下属在关键时刻的表现，看其是否具备担当重任的素质。③建立完善的选拔机制，通过竞争和选拔，筛选出真正值得信任的下属。

总之，管理者必须善于信任和选拔可靠的下属，同时又要建立完善的监督机制,确保授权的合理性和有效性。这样,企业才能通过授权,更好地应对市场变化,激发员工的创造力和领导力。

开创"阿米巴管理模式"的日本企业,在授权方面有很好的实践,产生了许多成功的案例。日本企业的授权都不是嘴上说一说或者形式上摆一摆,而是真的做到了"授人不疑,疑人不授"。一旦员工被赋予责任和权力,管理层就会完全信任他们,即使这意味着要承担一定的风险。

丰田公司的成功在很大程度上归功于其独特的管理方式,即"丰田生产方式"。

在丰田,一旦员工被分配到一个职位,公司就会完全信任他们,让他们负责自己的工作。公司相信,员工有能力和智慧来完成他们的工作。这种信任不仅体现在工作上,也体现在员工的个人生活中。公司相信,员工会为了公司的利益而努力工作,而不是为了个人的利益。

这种管理方式在丰田取得了巨大的成功,激励了员工的工作热情和创造力,提高了工作效率和质量。员工感到被尊重和信任,因此更有责任感和归属感。这种管理方式也减少了管理层的负担,使他们能够更专注于其他重要的事务。然而,要想达到"丰田生产方式"的授权深度,必须有一定的条件做支撑(见图8-2)。

01 公司需要建立一个良好的培训和选拔体系,以确保员工具备必要的技能和能力

02 公司需要建立一个公平和透明的评价体系,以确保员工的工作得到公正的评价

03 公司需要建立一个良好的沟通和反馈机制,以确保员工能够及时获得反馈和支持

图8-2 实现深度授权的支撑条件

总结一下，在当今快速变化的市场环境中，企业必须敢于授权、充分信任员工，并谨慎选择被授权对象。只有这样，才能更好地应对市场挑战、释放员工的潜力并推动企业的持续发展。作为管理者，应深入思考并实践这一管理理念，以帮助企业在经营过程中聚合人心与人力，助力企业在激烈的市场竞争中取得成功。

清楚划分权、责、利

在企业的日常运营中，授权是提高效率、优化管理的必要手段。授权是管理者将一部分权力和任务下授给下属，使其能够在一定的范围内自主决策和行事。授权能够提高组织效率、激发员工潜能、培养下属能力、减轻管理者负担。

虽然授权是企业经营管理中的必要措施，只要实施得当将会给企业发展带来其他管理模式无法替代的优势，但这并不意味着，只要实施授权就会收到好的效果。因为不少企业在授权的过程中，往往只关注权力的下放，却忽视了责任的明确和利益的分配。这样的授权方式可能导致责任模糊、利益冲突，进而引发一系列的管理问题。下面将通过一个企业的案例，详细阐述授权过程中必须清楚划分的权、责、利。

某科技有限公司是国内一家知名的电子产品制造商。近年来，随着业务的快速发展，公司决定对部分业务进行授权管理，以提高运营效率。授权之初，公司明确了各部门的权力范围，但对于责任和利益方面却未作明确规定。

业务部门被赋予了开发和推广新产品的权力，但由于没有明确规定其应承担的责任，当新产品在市场上表现不佳时，业务部门选择了推卸责任，导致公司错失了市场机会。同时，业务部门为了追求短期业绩，忽视了与上游供应商的长期合作关系维护，给公司带来了供应链风险。

销售部门被赋予了定价权，但公司未明确其定价应考虑的成本范围。于是，销售部门为了提高销售业绩，盲目降低产品价格，导致公司利润大幅下滑。而当公司要求销售部门对低价销售带来的亏损负责时，销售部门却以"定价权在我"为由推卸责任。

财务部门被授权进行成本控制，但由于未明确其控制成本的具体目标，财务部门虽然控制了日常开支，却忽视了研发和市场营销等关键领域的投入，导致公司产品逐渐失去竞争力。

通过对这个案例的分析可以看出，授权并非无条件的权力赋予，而是权、责、利的有机结合。那么，权、责、利在授权过程中应该如何划分与平衡呢？

1. 权力划分

权力是管理者为实现组织目标而赋予下属的决策和行动能力。在授权过程中，权力划分应当明确、适度。

（1）明确是指权力的大小、范围、限制等方面要清晰明了，避免产生模糊地带。

（2）适度是指权力的大小要与被授权者的职责和能力相匹配。最理想的状态是，既能激发被授权者的积极性，又避免过度放权导致管理失控。

2. 责任划分

责任是被授权者在行使权力的过程中应当承担的义务和结果。责任划分是授权的核心，应当与权力相对应。明确的责任划分能够使被授权者明确自己的职责，增强责任心，提高工作效率。在责任划分中，应当注意以下几点。

（1）权责相当。被授权者所承担的责任应与其拥有的权力相匹配，既不应有过大的权力而不承担相应责任，也不应有太大的责任而没有足够的权力。

（2）责任明确。责任的描述应当具体、明确，避免模糊不清。明确的责任有助于被授权者了解自己的工作目标和期望，提高工作效率。

（3）责任追究。在授权过程中，应当明确责任追究机制，以确保被授权者在行使权力的过程中一旦出现问题时能够及时承担责任。

3.利益分配

利益是被授权者在完成任务后所应得的回报，包括薪酬、晋升、荣誉等。利益分配是激励下属积极工作的重要手段。在授权过程中，利益分配应当公平、合理，要与被授权者的业绩和贡献相匹配。

（1）公平是指利益分配不偏不倚，使所有下属（被授权者和未被授权者）都感到公正。

（2）合理是指利益分配要与组织的整体利益相一致，避免过度追求个人利益而损害组织利益。

当我们明白了授权过程中的权、责、利应如何划分与平衡后，就应据此做出对企业授权有利的措施。虽然各企业应采取的具体措施都不相同，但有几点原则是需要共同遵守，且绝对不能触犯的（见图8-3）。

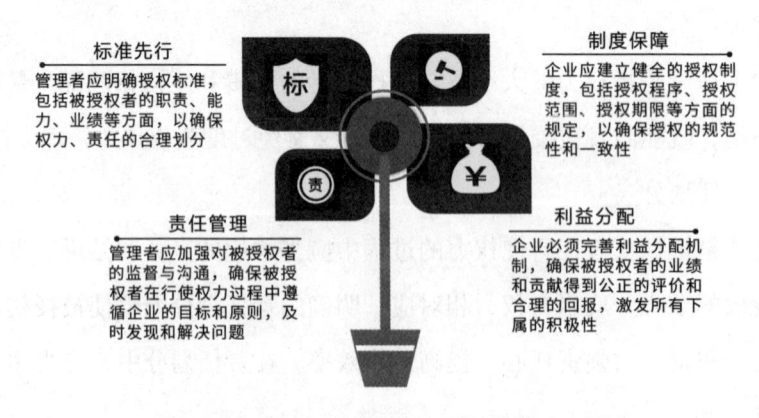

标准先行
管理者应明确授权标准，包括被授权者的职责、能力、业绩等方面，以确保权力、责任的合理划分

制度保障
企业应建立健全的授权制度，包括授权程序、授权范围、授权期限等方面的规定，以确保授权的规范性和一致性

责任管理
管理者应加强对被授权者的监督与沟通，确保被授权者在行使权力过程中遵循企业的目标和原则，及时发现和解决问题

利益分配
企业必须完善利益分配机制，确保被授权者的业绩和贡献得到公正的评价和合理的回报，激发所有下属的积极性

图8-3 实现授权中权、责、利平衡策略的原则

由此可见，企业管理者应当在明确授权标准、建立健全授权制度、加强监督与沟通、完善利益分配机制等方面下功夫，以实现有效授权，推动企业的发展。

现在针对上面案例中分析出的问题，以及实现权、责、利平衡策略的原则，该公司管理层意识到在授权过程中必须清晰划分权、责、利。为此，他们采取了以下措施。

◆明确职责——重新审视各部门的职责范围，确保每项职责都有明确的承担者。针对每个项目或任务，制定详细的责任清单，以确保责任不落空。

◆规定权力范围——为各部门明确授权范围，包括权力行使的条件、方式和程序等。同时，建立监督机制，确保权力不被滥用。

◆利益分配机制——制定合理的绩效考核和激励机制，确保员工的利益与公司整体利益相一致。通过公平的利益分配，激发员工的工作积极性。

通过以上措施的实施，某科技有限公司的授权管理逐渐步入正轨。各部门之间的协作更加顺畅，公司的整体运营效率和市场竞争力得到了显著提升。

从这个案例可以看到，授权过程中的权、责、利清晰划分是保障企业高效运营的关键。企业在实施授权管理时，必须对权力的下放、责任的明确和利益的分配进行全面考虑。只有这样，才能充分发挥授权管理的优势，推动企业的持续发展。

保障员工的知情权

在现代企业管理中，授权已成为一种常态。通过授权，管理者可以将权力下放给员工，使他们在工作中具有更大的自主性和创造性。然而，在实施授权的过程中，管理者需要注意到一个重要的问题，那就是保障员工的知情权。

知情权，是指员工有权获得与其工作相关的信息，包括公司的决策、目标、计划、工作流程等。保障员工的知情权对于企业的健康发展具有重要意义。

首先，知情权能够增强员工的归属感和参与感。当员工了解公司的决策和目标时，他们会感到自己是公司的一部分，从而更加投入工作，为公司的目标努力奋斗。

其次，知情权有助于提高员工的工作效率。员工可以根据自己所掌握的信息，更好地规划自己的工作，提高工作效率。

最后，知情权有助于建立良好的企业文化。在一个信息透明的环境中，员工更容易形成积极向上的工作氛围，促进团队合作。

然而，在实际操作中，许多企业在授权过程中往往忽视了员工的知情权。出现这种情况有两个方面原因，一方面，企业内部的信息流通不畅，员工无法及时了解到企业的决策和目标；另一方面，企业在授权时，过于强调员工的执行能力，而忽视了他们的参与和反馈。这种现象可能导致员工对企业的不满和产生抵触情绪，进而影响企业的稳定和发展。

为了保障员工的知情权，企业在授权过程中应采取以下几个措施。

（1）建立完善的信息沟通机制。企业应确保信息在组织内部的畅通无阻，让员工能够及时了解到企业的决策、目标和工作计划。此外，企业还应鼓励员工之间的交流与合作，促进知识共享，提高整体竞争力。

（2）赋予员工参与决策的权利。企业在制定重要决策时，应充分征求员工的意见和建议。这不仅能够提高决策的民主性，还能够使员工更加认同企业的决策，从而更好地执行和落实。

（3）加强员工的培训和教育。企业应定期组织员工参加培训，提高他们的专业素养和综合能力。同时，企业还应注重培养员工的团队合作意识和沟通能力，使他们能够更好地适应企业的授权管理模式。

（4）建立健全反馈机制。企业应鼓励员工提出意见和建议，并对这些意见和建议给予及时的反馈。这样既有助于提高员工的工作积极性和创造力，也有利于企业及时发现和解决问题。

（5）营造积极向上的企业文化。企业应注重培育积极向上的企业文化，使员工在一个开放、包容的环境中工作。这样的环境有助于提高员工的归属感和忠诚度，从而更加投入地工作。

因此，员工是企业的重要资产，他们的知情权不仅关乎个人的权益，也关乎企业的稳定与发展。只有当员工充分了解企业的决策、目标和工作计划时，才能更好地发挥自己的作用，为企业的健康发展贡献力量。因此，企业在实施授权时，应注重保障员工的知情权，从而提高企业的整体竞争力。

某公司是有限责任公司，是国内一家以软件开发为主的公司。近年来，随着业务的迅速扩张，公司决定将部分软件开发项目外包给合作伙伴。为了确保项目的顺利进行，公司授权项目经理全权负责与外包公司的合作事宜。

起初，项目经理与外包公司建立了良好的合作关系，项目进展顺利。然而，随着时间的推移，问题逐渐显现。由于项目经理在授权过程中未向其他团队成员充分说明外包公司的背景和合作内容，导致团队成员对外包公司产生了不信任感。

随着项目的推进，外包公司提出了一些费用调整的要求。由于团队成员之前对外包公司的情况知之甚少，已经产生了不信任，进而也对这些费用调整的要求产生了质疑。而项目经理由于没有及时向大家通报与外包公司的合作细节，导致团队内部出现了混乱和不满情绪。

为了解决这一问题，公司管理层意识到在授权过程中必须充分保障员工的知情权。为此，他们采取了以下几个措施。

◆信息透明化。公司规定，任何涉及企业的重要决策、合作伙伴、重大项目等相关信息都必须及时、透明地进行通报。确保员工能够及时了解企业的最新动态和决策背景。

◆搭建沟通渠道。建立健全内部沟通机制，鼓励员工提出疑问和建议。管理层定期组织员工大会，与员工进行互动交流，听取员工的意见和反馈。

◆提供培训和教育。针对涉及企业战略、合作伙伴、重大项目等内容，公司组织专题培训和讲解，帮助员工更好地理解相关背景和决策意义。

◆完善反馈机制。鼓励员工对管理层的工作进行监督和评价。设立匿名反馈渠道，让员工可以安全地反映问题，提出建议。管理层定期对员工的反馈信息进行汇总和分析，持续改进管理方式和决策质量。

通过上述措施的实施，某有限责任公司在授权过程中充分保障了员工的知情权。员工对企业的信任感增强，团队协作更加顺畅。同时，企业的决策质量和执行效率也得到了显著提升。

在这个案例中，我们可以看到保障员工的知情权对于企业授权管理的重要性。只有让员工充分了解企业的决策背景、合作伙伴和重大项目等情况，才能增强员工的归属感和信任感，提高团队的凝聚力和执行力。而企业的稳定和发展也离不开员工的支持和参与，因此保障员工的知情权也是实现企业长期可持续发展的重要前提之一。

保证被授权者拥有资源

作为管理者，在进行授权时，我们需要考虑的一个关键问题是：如何保证被授权者拥有足够的资源来完成任务？

在实践中，许多企业往往只注重授权，而忽略了被授权者是否拥有足够的资源来履行其职责。在缺乏足够资源支持的情况下，被授权者"巧妇难为无米之炊"，必然导致授权无法达到预期效果。因此，本节将探讨如何保证被授权者拥有资源，并通过一个企业案例来作具体说明。

授权管理的目的是提高组织效率和灵活性，增强员工的责任感和积极性。为了保证被授权者能够有效地履行其职责，必须确保他们拥有足够的资源。这些资源包括但不限于：人力、物力、财力、信息和技术等。

要保证被授权者拥有资源，首先需要明确被授权者的职责和所需资源。授权者可以通过与被授权者进行沟通、分析其工作任务和目标来实现。在这个过程中，授权者需要了解被授权者的需求，并为其提供必要的支持。例如，如果被授权者需要更多的时间来完成任务，那么授权者可以调整其工作时间或分配更多的人员协助。

此外，授权者还应建立一个有效的资源分配机制。该机制须根据被授权者的实际需求和组织的整体战略进行资源分配。例如，如果组织的战略是提高产品质量，那么应该将更多的资源分配给质量控制部门。同时，授权者还应该定期审查资源分配情况，以确保其合理性和有效性。

除了以上措施，授权者还应关注被授权者的能力和发展。虽然被授权者已经具备了一定的技能和经验，但随着时间的推移和市场环境的变化，他们可能需要进一步提升自己的能力。因此，授权者应该为被授权者提供培训和发展机会，帮助被授权者不断提高自己的技能和知识水平，以提高他们的个人能力，从而使他们为组织带来更多的价值。

亚马逊（Amazon）公司是一家以创新和快速发展著称的企业，其成功的背后离不开独特的管理文化——自主权文化。在亚马逊，员工作为被授权者，被赋予了极大的自主权，可以自由地做出决策，并对自己的工作结果负责。这种自主权文化的成功实践，离不开亚马逊对员工获取资源的充分保证。

◆信息透明——亚马逊通过建立透明的工作流程和信息系统，确保员工能够获得所需的信息，以更好地执行任务。例如，亚马逊的员工可以随时访问公司的销售数据、库存信息和客户反馈，这使得他们所做出的决策都是建立在全面且充足的信息的基础上的。

◆培训和发展——亚马逊重视员工的培训和发展，为员工提供了必要的技能和知识，来提高他们的工作效率。公司设有专门的学习和发展部门,定期为员工提供培训课程和资源。此外,亚马逊还鼓励员工自主学习,并为员工提供学习资料和工具。

◆资源支持——亚马逊为员工提供了充足的资源支持,包括人力、物力和财力。公司设有专门的支持团队,为员工提供所需的协助和资源。在项目实施过程中,员工可以自由地调配资源,以确保项目的顺利进行。

◆反馈与改进——亚马逊建立了完善的反馈机制,鼓励员工提出意见和建议,以改进工作流程和提高效率。公司定期收集员工的反馈,并对存在的问题进行改进。这使得员工在执行任务时能够不断优化自己的工作方式,提高工作效率。

通过以上案例可以看出在亚马逊公司,员工因为掌握了充足的资源,其工作效率得到了提高,创新能力得到了发挥,最终实现了企业的快速发展。作为管理者,可以从亚马逊的实践中汲取经验。

只有保证被授权者拥有资源,授权才能真正发挥出其应有的作用。这需要授权者与被授权者进行有效的沟通、建立合理的资源分配机制,并实施提供培训和发展机会等措施。通过正确措施的实施,可以进一步提高被授权者的个人效率、团队效率及企业效率,并能增强被授权者的责任感和积极性,为企业的长期发展奠定坚实的基础。

保护自由发挥的空间

在快速变化的市场环境中,企业需要具备灵活性和创新性以应对各种挑战。而为员工提供自由发挥的空间,让他们能够充分发挥自己的创造力和才能，是实现这一目标的关键。本节将探讨如何保护员工自由发挥的空间，激发团队创新与提高效能。

1. 自由发挥的空间是创新的源泉

（1）激发员工潜能。自由发挥的空间能让员工充分发挥自己的主观能动性，挖掘潜能，为企业带来独特的竞争优势。

（2）促进跨界思维。在宽松的环境中，员工可以自由地跨界思考，将不同领域的知识、经验进行融合，形成企业的创新点。

（3）加强团队合作。自由发挥的空间鼓励员工在共同完成任务的过程中展开合作与交流，促进员工之间的默契和协作能力的不断提升，形成更强大的团队合作精神。

（4）提高工作效率。当员工拥有自主权时，他们可以更加高效地安排工作，以最高的热情和效率完成任务。

2. 保护自由发挥的空间，激发团队创新与效能的具体方法

（1）建立信任机制。信任是保护自由发挥空间的基础，企业需要通过建立信任机制，让员工敢于放心尝试，勇于表达自己的观点。

（2）设定明确目标。为员工提供清晰的方向和目标，让他们在自由发挥的过程中，始终保持对成果的期待。

（3）赋予适当权力。给予员工足够的决策权、执行权，让他们在实践中不断成长，为企业创造价值。

（4）营造良好氛围。打造一个开放、包容、鼓励创新的工作氛围，让员工在轻松的环境中发挥潜能。

（5）提供资源支持。为员工提供充足的资源，包括时间、资金、技术等，助力他们将创新想法付诸实践。

（6）建立激励机制。通过设立合理的激励措施，对员工的创新成果进

行认可和奖励，激发他们的积极性和创造力。

3.如何平衡自由发挥与团队协作

（1）明确分工与协作。在保证员工自由发挥的同时，明确每个人的职责和任务，确保团队协作的高效。

（2）建立沟通平台。搭建有效的沟通平台，让员工在自由发挥的过程中，能够及时分享想法，形成共识。

（3）培养团队精神。通过展开团队建设活动，强化员工的团队意识，让他们在自由发挥的同时，注重团队协作。

（4）动态调整策略。根据实际情况，适时调整自由发挥与团队协作的平衡点，确保团队目标的实现。

保护员工自由发挥的空间，是激发团队创新与效能的关键。企业应当在信任、目标、权力、氛围、资源和支持等方面，为员工创造有利于创新的环境。

某科技公司是国内一家专注于智能制造领域的知名公司。该公司通过授权管理，为员工提供了广阔的自由发挥空间，取得了显著的成绩。以下是该公司在授权管理方面的具体实践。

◆充分授权，激发创新活力——公司采取充分授权的管理方式，赋予员工足够的自主权和决策权。在日常工作中，员工被鼓励积极发挥自己的创造力和想象力，提出新思路和解决方案。公司领导层会认真听取员工的建议，并给予支持和实践的机会，彻底激发了员工的创新活力，为企业带来了许多具有市场竞争力的产品。

◆鼓励员工试错，宽容失败——在创新的过程中，失败是难以避免的。该公司鼓励员工勇于试错，并宽容失败。当员工在工作中遇到挫折或失败时，公司会给予积极的支持和鼓励，帮助他们从失败中总结和吸取经验教训，并鼓励他们再次尝试。这种宽容失败的态度消除了员工的后顾之忧，使他们更加愿意投入到创新尝试中。

◆建立跨部门协作机制，打破组织壁垒——为了促进知识分享和创新思想的传播，公司建立了跨部门协作机制。通过组织定期的交流活动、建立内部学习平台等方式，鼓励员工与其他部门的同事进行交流与合作，促进了信息的流通和知识的共享。

◆设立创新奖励制度，激励员工持续创新——为了激励员工持续创新，该公司设立了创新奖励制度。员工提出的优秀创意和解决方案会被评选为年度最佳创新成果，并给予相应的奖励和荣誉，激发了员工的创新热情。

◆提供培训与发展机会，助力员工成长——为了支持员工的个人成长，公司提供了丰富的培训和发展机会。定期举办内部培训课程、邀请行业专家举办讲座、支持员工参加外部培训等，全方位帮助员工提升专业技能、拓宽知识视野，使他们更好地应对工作中的挑战和机遇。

通过以上授权管理的实践措施，该科技公司成功地为员工营造了一个自由发挥的空间。员工的创造力和团队合作精神得到了充分激发，为企业带来了许多具有市场竞争力的产品和创新成果。同时，员工的满意度和忠诚度也得到了显著提高，企业取得了数年人才零流失的成果，同时整体业绩也实现了持续增长。

由此可见，营造自由发挥的空间对于企业的创新与发展有多么重要！其他企业也应借鉴该科技公司的授权管理实践经验，激发员工的创造力和团队合作精神，提高员工的满意度和忠诚度，促进企业在一片和谐氛围中不断向前突破。

第九章
前瞻思维：通过抢占未来征服人心

作为一位管理者，拥有前瞻思维至关重要。拥有前瞻思维，意味着管理者能够预见行业未来的发展趋势和变化，并据此制订相应的战略和计划。前瞻思维不仅能够影响企业的战略方向，而且对激发追随者的梦想和动力起到关键作用。

敏锐把握事物的发展规律

在抗日战争初期,当人们对战争前景感到迷茫困惑,各种观点如"亡国论"和"速胜论"甚嚣尘上时,毛泽东同志发表了著名的《论持久战》。他通过系统分析国际国内政治、经济、军事形势,科学预见了抗日战争的发展趋势,做出了"抗日战争是持久战,最终胜利属于中国"的战略判断,这为当时处于黑暗中的国人指明了光明的前途,展现了毛泽东同志超前的前瞻思维。

在新时代,企业之间的竞争日趋激烈,领导者作为企业发展的核心力量,同样需要具备敏锐的洞察力和前瞻性思维,以便准确把握事物的发展规律,从而征服人心。

(1)遵循市场经济发展规律,是领导企业发展的前提。市场经济发展有其内在规律,企业必须遵循这些规律,才能取得良好的经济效益。自从改革开放以来,我国企业遵循市场经济规律,不断增强自主创新能力,提高产品质量,扩大市场份额,提升品牌价值,实现了快速发展。

遵循市场经济发展规律,要求企业领导者具备战略眼光和决策能力。在市场竞争中,企业领导者必须具备敏锐的市场洞察力和判断力,能够及时发现市场机遇和风险,制定正确的战略和决策。同时,企业领导者要不断学习新知识,了解国际国内市场动态和产业发展趋势,以科学、客观的态度应对各种复杂情况。

遵循市场经济发展规律，要求企业不断深化改革。随着市场经济的不断完善和全球化进程的加速推进，企业必须不断调整自身经营模式和组织结构，以适应市场需求的变化。企业领导者要敢于改革、勇于创新，不断推进企业内部改革和机制创新，提高企业的竞争力和可持续发展能力。

（2）遵循企业发展规律，是实现基业长青的基础。企业是一个有机生命体，有其自身的生长规律和发展阶段。在企业的不同发展阶段，需要采取不同的战略和管理措施。企业领导者必须了解和遵循企业发展规律，制定科学合理的发展战略和管理制度。

在初创阶段，企业需要注重创新和灵活性，采取快速响应市场的策略。企业领导者要具备强烈的创业精神和创新意识，能够带领团队开拓市场、创新业务。同时，要注意控制成本和风险，为企业的可持续发展打下坚实基础。

在成长阶段，企业需要注重规模扩张和品牌建设。企业领导者要具备战略规划和执行能力，制订符合市场需求的发展计划，并采取有效措施加以实施。同时，要加强内部管理，完善各项规章制度和工作流程，提高企业的规范化程度和执行力。

在成熟阶段，企业需要注重稳定经营和持续发展。企业领导者要具备危机意识和风险管理能力，建立健全风险预警机制和应急预案。同时，要注重企业文化建设和员工福利保障，提高员工的工作积极性和忠诚度。

在衰退阶段，企业需要注重转型和升级。企业领导者要具备前瞻性和判断力，及时发现市场变化和企业发展趋势，采取有效措施进行转型升级；同时，要加强组织变革和人才培养工作，为企业可持续发展提供有力保障。

总而言之，领导者是企业发展的重要支柱和推动力量。优秀的企业领导者不仅要有高超的领导才能和管理水平，还需要具备创新精神、冒险精神和实干精神等品质。企业领导者要敢于突破传统思维模式和行业惯例，勇于尝试新业务、新产品和新市场。同时，企业领导者要注重培养自身的学习能力、判断力和应变能力等素质，持续更新知识体系、拓展视野，不断探索适合自身发展的经营模式和管理制度。

（3）知名企业案例分析。作为我国互联网企业的领军者，腾讯公司凭借其领导者敏锐把握事物发展规律的能力，赢得了员工的信任和支持，成了一家世界级的科技巨头。

腾讯公司成立于1998年，是一家总部位于中国深圳的互联网科技公司。从最初的山寨ICQ到如今的世界级科技巨头，腾讯在短短二十余年间取得了举世瞩目的成就。这一切离不开腾讯创始人马化腾对事物发展规律的敏锐把握。

抓住互联网普及的机遇

在20世纪90年代末，互联网在中国开始普及，马化腾敏锐地捕捉到了这一历史机遇。他们借鉴了国外的即时通信软件ICQ，开发出了自己的即时通信工具——QQ。凭借简洁易用的界面和强大的社交功能，QQ迅速赢得了用户的喜爱，推动了腾讯的快速发展。

顺应移动互联网发展趋势

随着智能手机的普及，移动互联网逐渐成为人们日常生活的重要组成部分。马化腾又一次敏锐地意识到了这一趋势，并迅速推出了微信这一款跨平台的即时通信工具。微信凭借强大的社交功能和便捷的支付系统，成为移动互联网时代的现象级产品，进一步巩固了腾讯在互联网行业的领先地位。

布局新兴领域

在互联网行业，创新是企业持续发展的关键。马化腾始终关注新兴领域的发展动态，并在合适的时间进入这些领域。例如，腾讯在电商、游戏、金融等领域进行了广泛布局，通过投资并购、自主研发等方式，实现了业务的多元化发展。这些举措不仅丰富了腾讯的业务版图，还为企业带来了丰厚的利润。

由此可见，敏锐把握事物的发展规律，是企业领导者必备的素质和能力，是引领企业在激烈的市场竞争中取得成功的关键所在。那么，企业领导者具体应如何把握事物的发展规律，才能引领企业发展，并能保持对人才的吸引和对人心的把控呢？

◆保持对行业的敏感度——作为企业领导者，必须对所从事的行业保持高度的敏感度。马化腾及其团队始终关注互联网行业的最新动态，了解各种新兴技术和商业模式，从而确保腾讯在行业中始终保持领先地位。

◆拥有前瞻性思维——企业领导者需要具备前瞻性思维，预见行业未来的发展趋势，以便企业在竞争中脱颖而出。马化腾在移动互联网兴起之初，就预见到了这一趋势，并果断布局微信这一产品，从而确保了腾讯在移动互联网时代的领先地位。

◆善于学习与创新——企业领导者要善于学习先进的管理理念和经验，结合企业自身实际情况进行创新。马化腾在管理腾讯的过程中，不断学习国内外优秀企业的管理经验，并将其运用到腾讯的实践中，推动企业不断取得新的突破。

◆关注人才培养与激励——企业领导者必须关注人才培养和激励，激发员工的积极性和创造力。马化腾深知人才对于企业的重要性，因此十分注重人才的培养和激励，为员工提供良好的工作环境和有竞争力的薪酬待遇，使得腾讯能够吸引和留住大量优秀人才。

总而言之，在互联网行业这个充满竞争和挑战的领域，腾讯领导者通过保持行业敏感度、拥有前瞻性思维、善于学习与创新以及关注人才培养与激励等方式，成功地征服了人心，使得腾讯成了一家世界级的科技巨头。其他企业也可以从腾讯的案例中得到启示，努力提高和培养领导者的洞察力和前瞻性思维，以适应不断变化的市场环境，实现企业的可持续发展。

总结一下，只有遵循市场经济发展规律，领导者才能带领企业在可持续发展的道路上取得更加辉煌的成就，为国家经济与社会发展做出更大的贡献！

为企业带来新的发展机会

在这个快速变化的时代，企业领导者肩负着为企业带来新的发展机会的重任。他们必须具备开拓性精神、前瞻性视野和创新性思维，不断为企业寻找和创造新的发展机会。本节将从理论基础、具体方法和实践案例三个方面来探讨企业领导者如何为企业带来新的发展机会。

1. 理论基础

（1）领导力理论。企业领导者通过激发和引导追随者的动机、价值观和行为，实现企业目标的过程。领导力包括制定决策能力、组织管理能力、愿景构建能力、权力运用能力、学习能力、变革能力、声誉或口碑、自信心、个性魅力等方面。领导者需要具备这些能力，以便在关键时刻为企业带来新的发展机会。

（2）机会识别理论。企业领导者需要具备敏锐的市场洞察力和创新思维，以便在市场竞争中发现新的机会。机会识别包括对市场趋势、消费者需求、技术发展和竞争态势等方面的分析。领导者通过对这些方面的深入了解，在企业的转型时刻可以将企业带上新的发展轨道。

2.具体方法

一个优秀的企业领导者不仅要有敏锐的市场洞察力，还要敢于冒险、勇于尝试，通过创新思维和战略规划为企业带来新的增长点。具体方法包括但不限于如下几项。

（1）增强市场洞察力。企业领导者需要通过市场调研、数据分析、竞争对手分析等方法，增强对市场趋势、消费者需求和竞争态势的洞察力，以帮助企业制定相应的发展策略。

（2）创新思维。企业领导者需要具备创新思维，敢于突破传统的经营模式和思维定式。通过创新，企业可以开发出新的产品和服务，满足消费者的多样化、个性化和新兴化的需求。

（3）领导力提升。企业领导者需要不断提升自己的领导力，以便更好地激发和引导追随者的动机、价值观和行为。领导力的提升包括学习新的管理知识、参加培训和实践锻炼等方面。

（4）资源整合与优化配置。企业领导者需要对企业内部和外部的资源进行整合和优化配置，以提高企业的核心竞争力。资源整合包括对企业内部资源的整合和对外部资源的引进与合作。优化配置是指根据企业的战略目标和市场需求，合理分配和利用资源。

3. 实践案例

作为全球领先的信息与通信解决方案供应商，华为公司在强力发展的30几年间取得了令世人瞩目的成就，这背后离不开创始人任正非和几代华为领导团队的战略眼光和创新精神。

成立于1987年的华为公司，起初只是一家小规模的通信设备制造商。然而，在任正非的领导下，华为凭借着对市场趋势的敏锐洞察和不懈努力，逐渐在国内外市场上崭露头角。在20世纪90年代末期，华为抓住了中国电信行业大发展的机遇，大力投入研发和创新，逐渐成为全球通信设备领域的领先者。

然而，华为并没有止步于此。随着信息技术的快速发展和全球化的趋势，任正非意识到企业必须不断创新和拓展业务领域才能保持竞争优势。于是，华为开始进军智能手机、云计算、人工智能等新兴领域。通过持续的研发投入和全球化的战略布局，华为在这些领域也取得了显著的成绩。

在智能手机领域，华为推出了多款具有影响力的产品，如Mate系列、P系列、nova系列、honor系列手机。这些产品凭借出色的性能和创新的设计，赢得了全球消费者的喜爱和认可。在2020年第二季度，华为超越苹果成为全球第二大智能手机厂商。

在云计算领域，华为推出了华为云服务，为企业提供稳定可靠、安全可信的计算和存储服务。华为云凭借强大的技术实力和丰富的行业经验，已经在中国市场上取得了领先地位，并逐渐拓展到全球市场。

在人工智能领域，华为成立了专门的人工智能实验室，加大投入力度。华为的人工智能技术在语音识别、图像处理、自然语言处理等领域都取得了重要的突破。华为的AI芯片和解决方案广泛应用于各行各业，为企业数字化转型提供了强有力的支持。

华为领导者团队为企业带来的这些新的发展机会，不仅使得华为自身取得了巨大的商业成功，也推动了整个行业的进步和创新。在面对国内外市场的竞争和挑战时，华为领导团队始终保持着清醒的头脑和前瞻性的思维，不断引领企业在变革中寻找新的增长点。

除了华为，还有很多国内知名企业也受益于领导者的战略眼光和创新精神。比如，阿里巴巴的马云看到了电商行业的巨大潜力，通过打造淘宝、天猫等电商平台，引领了中国电商行业的发展；腾讯的马化腾看到了社交媒体和移动互联网的机遇，推动了微信等产品的快速普及和创新；拼多多的黄峥抓住了下沉市场的消费升级趋势，通过创新的社交电商模式实现了快速崛起。

这些企业的成功表明，一个优秀的领导者对于企业的发展至关重要。在实践中，华为、腾讯、阿里巴巴等企业的成功经验为我们提供了宝贵的借鉴。企业领导者必须具备创新思维和战略规划能力，才能在不断变化的市场环境中保持竞争优势并实现持续发展。

与追随者的梦想相关联

企业领导者在企业中的角色远非单一的决策制定者，他们同时也是梦想的激发者和实现者。在不断变化的环境中，领导者的前瞻性思维为企业指明方向，使企业始终保持领先地位。与此同时，企业领导者的前瞻思维与追随者的梦想相互关联，将形成强大的协同效应，推动企业不断成长。

为什么说企业领导者的前瞻思维与追随者的梦想相关联，就会激发追随者的工作热情和创造力呢？这需要从二者的内在联系说起，大概包含以下三个方面。

（1）共同使命感。企业领导者前瞻思维的核心是构建清晰的使命和愿景，这一使命和愿景与追随者的个人价值观和目标相契合。在苹果公司，乔布斯所倡导的"让世界更美好"的理念，正是这种内在联系的体现。

（2）梦想实现平台。企业领导者通过前瞻性战略布局，为追随者提供实现梦想的舞台。在苹果，员工不仅仅是执行乔布斯的指示，更是参与实现其愿景的一部分，这使得每个员工都感到自己是企业获得成功不可或缺的一部分。

（3）共同成长。企业领导者与追随者的梦想在共同成长中得到升华。随着企业的不断发展，这种关联不仅为追随者带来物质利益，更成为他们自我实现的途径。在苹果，员工在实现公司目标的同时，也实现了自我价值。

下面，通过简单了解苹果公司发展历程与创始人斯蒂夫·乔布斯的前瞻思维，分析前瞻思维如何与追随者的梦想相关联，推动企业不断前行。

苹果公司（Apple）是一家拥有前瞻思维的企业，其创始人斯蒂夫·乔布斯也是前瞻思维的典型代表。在20世纪80年代，乔布斯预见了个人电脑革命的到来，并推出了Macintosh电脑，开创了个人电脑市场的新纪元。随后，乔布斯又预见了移动通信和互联网的融合趋势，推出了iPhone和iPad，彻底改变了人们的生活方式。

苹果公司的发展历程充分展示了领导者的前瞻思维与追随者的梦想相关联的重要性。乔布斯不仅是一位技术天才，更是一位懂得激发员工潜力的领导者。他通过预见未来的发展趋势，制订出相应的战略和计划，并将其传达给团队成员，让他们相信自己正在从事着一项伟大的事业。这种领导风格激发了团队成员的工作热情和创造力，使他们愿意为公司的发展贡献自己的力量。

在乔布斯的领导下，苹果公司形成了一种独特的企业文化，即追求卓越、创新和完美。这种文化将领导者的前瞻思维与追随者的梦想紧密相连，让员工相信他们的工作不仅是为了赚钱，更是为了改变世界。这种信念使得员工们愿意为了公司的目标而努力奋斗，即使面临困难和挑战也不退缩。

可以看出，苹果公司的成功也证明了领导者的前瞻思维与追随者的梦想相关联的重要性。一款款产品的成功，不仅改变了人们的生活方式，也使得苹果公司成了全球很有价值的公司。那么，我们能通过这种成功获得哪些宝贵的经验呢？

◆前瞻思维——关于这一点，在本章已经出现多次了，这是本章的核心，也是领导力的重要内容。乔布斯对科技和设计的前瞻性洞察，引领苹果公司发布了一系列具有影响力的产品。乔布斯不仅关注产品本身，更看到了这些产品是如何改变人们的生活和工作方式的。

◆激发追随者梦想——乔布斯用他的激情和远见吸引了一批追随者。他鼓励员工不断创新和超越自我，这种氛围激发了员工的创造力。在乔布斯的领导下，苹果公司的员工不仅是在执行任务，更是在参与实现一个拥有伟大愿景的使命。

◆实现梦想——乔布斯的前瞻思维和追随者的梦想共同推动了苹果公司的成功。从 Macintosh 到 iPod，再到 iPhone 和 iPad，苹果公司发布了一系列具有影响力的产品，改变了消费电子行业的格局。在这个过程中，苹果公司的员工不仅获得了丰厚的回报，还实现了个人价值和职业发展。

通过对苹果公司案例的分析，揭示了企业领导者前瞻思维与追随者梦想之间的内在联系。领导者通过提供实现梦想的舞台以及促进共同成长等方式，将个人的前瞻思维与组织的追随者梦想紧密相连。这种关联不仅有助于企业应对外部环境的变化，更有助于激发员工的主动性和创造力，推动企业不断前行。

对于现代企业而言，领导者前瞻思维与追随者梦想的关联是一种宝贵的资源。培养这种关联需要领导者具备远见卓识、激情和沟通能力；同时，追随者也需要有强烈的自我实现的动机和对企业愿景的认同（见图9-1）。通过共同努力，企业可以在不断变化的市场环境中保持竞争优势，实现可持续发展。

促进沟通与反馈
建立有效的沟通机制和反馈渠道，使管理者能及时了解员工的想法和需求，也使员工更好地理解企业的战略方向和目标

创新文化培育
鼓励员工发挥创造力、参与创新活动，培养一种开放、包容、进取的企业文化

强化领导者培训
企业应加强对领导者的培训，提高其前瞻思维、战略规划和团队管理能力

认可与激励
及时认可员工的成绩和贡献，并通过合理的薪酬制度、晋升机制和表彰方式，激励员工为企业的发展做出贡献

持续改进与优化
领导者要不断调整战略方向和目标，同时关注员工的需求和发展

图9-1　领导者前瞻思维与追随者梦想关联的建议与展望

正因为如此，企业在选拔和培养领导者时，应注重前瞻思维和激发追随者梦想的能力。同时，追随者也应积极提升自身素质，以更好地理解和

实现企业的愿景。只有在这样的基础上，企业才能真正做到与时俱进，不断创造新的辉煌。

总之，企业领导者的前瞻思维与追随者的梦想相关联是一个复杂而又至关重要的课题。在快速变化的环境中，这种关联不仅可以增强企业的竞争力，还可以促进企业管理者与员工的个人成长和发展。通过深入研究和探讨这一课题，领导者将能够更好地理解如何将前瞻思维转化为具体能量，助力企业实现可持续的成长与创新。

主动猎寻外部机会

在当今的商业环境中，企业领导者面临着一个共同的挑战：如何将外部机会转化为组织内部的共同目标，并促使员工齐心协力地去实现这些目标。这不仅需要领导者具备敏锐的市场洞察力，还须其运用策略和技巧，将多元化的团队紧密地团结在一起。

市场变幻莫测，机遇与挑战并存。企业领导者要想抓住外部机会，首先要有敏锐的市场洞察力。这意味着领导者要时刻关注行业动态，了解竞争对手的举动，捕捉消费者需求的变化。通过数据分析、市场调研等手段，为企业发展提供有力支撑。

其次，领导者还须具备预见未来的能力。在市场趋势尚未明朗之前，就能洞察先机，为企业布局预留充足的时间。这种预见性不仅体现在产品研发、市场拓展等方面，还要在人才储备、资源整合上有所体现。总之，主动猎寻外部机会，绑定员工同心协力地实现企业创新发展，需要做到以下几点。

（1）创新产品与服务。企业要想在市场竞争中杀出一条生路，必须提供具有竞争力的产品与服务。领导者要鼓励团队不断创新，以客户需求为导向，持续改进产品与服务。通过技术研发、产品设计、服务模式的优化，提升企业的核心竞争力。

（2）拓展市场渠道。市场渠道是企业拓展业务的重要途径。领导者要主动寻找新的市场渠道，如电商平台、社交媒体等，以拓宽企业产品的销售范围。同时，领导者还须关注跨界合作，与其他行业的企业携手共进，实现资源共享、互利共赢。

（3）人才培养与引进。人才是企业发展的基石。企业领导者要关注人才培养与引进，为员工提供良好的发展平台。通过内部培训、外部招聘等手段，提升员工的专业素养和综合能力。同时，建立激励机制，让员工在企业发展的过程中共享成果。

（4）企业文化凝聚人心。企业文化是企业的灵魂，能够激发员工的归属感和自豪感。企业领导者要注重企业文化建设，塑造积极向上、团结协作的企业氛围。通过举办各类活动，提升员工的凝聚力和向心力。

下面通过分析美的集团，阐述企业领导者如何主动猎寻外部机会，并通过绑定员工同心协力来实现企业的发展与繁荣。

美的集团成立于1968年，最初主要从事家电产品的生产和销售。在创始人何享健的领导下，美的逐步拓展业务领域，成为全球领先的家电企业。历经50多年的发展，美的的产品线涵盖空调、家电、机器人和自动化系统等领域，成为全球很大的家电制造商。美的的成功离不开企业领导者何享健对外部机会的敏锐洞察和积极把握，以及通过绑定员工同心协力实现企业目标。对此，我们分两个部分详细讨论：

1. 主动猎寻外部机会

◆市场需求洞察——何享健在创立美的之初，便敏锐地捕捉到了家电市场的发展趋势。他认识到，随着人们生活水平的提高，对家电产品的需求将不断增长。于是，美的将目标锁定在家电市场，并积极投入研发，推出具有竞争力的产品。

◆全球化战略布局——在美的发展过程中，何享健深知，只有拓展国际市场，才能实现企业的长远发展。因此，美的积极推进全球化进程，逐步进入欧洲、北美、亚洲等市场。在全球范围内建立研发、生产和销售网络，使美的在全球市场占据了重要地位。

◆产业多元化——美的在发展过程中，不断寻求新的增长点。何享健提出"产业多元化"战略，积极拓展机器人和自动化系统等领域。通过并购、合作等方式，美的实现了产业结构的优化和升级，为企业带来了新的增长动力。

2. 绑定员工同心协力

◆企业文化塑造——何享健深知企业文化是企业发展的重要基石。美的倡导"以人为本、诚信经营"的企业文化，强调以员工为中心，鼓励员工积极拼搏、持续奋斗。这种文化氛围激发了员工的积极性，使他们愿意为实现企业目标共同努力。

◆激励机制——美的建立了完善的激励机制，将员工的个人发展与企业利益紧密结合。通过股权激励、薪酬福利、晋升机会等手段，激发员工的工作热情和创新精神。使得员工在实现个人价值的同时，助力企业实现长远发展。

◆人才培养与选拔——美的大量投入人才培养和选拔，何享健提出"让员工与企业共同成长"的人才理念。企业通过内部培训、选拔机制，为员工提供成长平台。同时，美的大量引进优秀人才，提升整体团队实力。

美的集团的成功表明，企业领导者不仅要具有识别和利用外部机会的眼光，还须建立起一个内部运行顺畅、员工团结一致的组织。在今天这个变化快速的时代，能够主动出击、将外部机会转化为企业发展的领导者，将更有可能带领企业在激烈的市场竞争中脱颖而出。而其他企业通过学习美的经验，有助于更好地理解如何构建高效的组织结构和激励机制，从而更好地应对市场挑战并抓住发展机遇。

对于现代企业而言，拥有一个能够主动猎寻外部机会并绑定员工同心协力的领导者非常重要。这样的领导者不仅能够引领企业走向成功，还能激发员工的潜力，实现个人与组织的共同成长。美的的故事告诉我们，在不断变化的环境中，只有那些敢于冒险、善于团结并持续创新的企业，才能真正抓住机遇、迎接挑战，最终取得长期的竞争优势。

增强工作预见性

企业领导者在从事管理活动的过程中，一定不可机械、教条地执行计划与决策，而是要注重在管理实践中注入创新意识，发挥创新精神，突出创新行为，不断开拓企业发展的新局面。

古人云："先谋后事者昌，先事后谋者亡。"这句话告诫人们，在工作中要特别注重对事物发展规律的研究，善于运用战略战术，精于运筹谋划，从而求得在竞争中的主动权，确保事业的持久兴旺。增强工作预见性，需要领导者在两个方面下功夫：一是透过现象看本质。由此及彼、由表及里，去粗取精、去伪存真；二是善于运用系统思考的方法。瞻前顾后、整体把握、综合考虑。

在企业管理实践中，善于增强工作预见性、能够准确预测市场趋势的领导者，往往能够运筹帷幄、高人一等，能够抓住机遇、乘势而上。而缺少预见性、不能及时准确地捕捉发展机遇的领导者，往往会被一些突如其来的风险和危机搞得惊慌失措、手忙脚乱。可以说，是否具有预见性，是衡量一个领导者综合素质的重要标准。

预见就是预先看到前途趋向。没有预见，谈不上是合格的领导者。要做一名合格的领导者，就必须努力提高超前思维的能力，也就是增强工作的预见性。一个称职的领导者必须学会"站得高一点、看得远一点、想得深一点"，通过深入系统的理性思考和科学准确的判断，从现象中看到本质，从偶然中看到必然，从现实中看到可能。

对事物发展趋势及其走向的超前认识，是对未来所作的当前的谋划。凡事预则立，不预则废。只有增强预见性，才能谋划全局、把握大势、掌握工作主动权。正是基于这样的认识，领导者（含各级别管理者）在工作中应该注重以下几点。

（1）吃透"上情"。要全面了解和深刻领会上级的路线方针政策和重大决策部署，深入学习上级的重要会议精神、重大决策的意义以及相关的政策措施。只有吃透"上情"，才能对全局有系统的掌握，才能在工作实践中加以贯彻执行。

（2）熟悉"下情"。要深入基层一线开展调查研究，认真了解基层一线的真实情况、工作中的困难问题以及干部职工的所思所想。只有熟悉"下情"，才能对基层有深入的了解，才能有效地指导基层工作。

（3）了解"外情"。要关注国际国内形势的发展变化，了解国内外经济政治格局及其对企业的影响。只有了解"外情"，才能对企业外部环境有清醒的认识，才能趋利避害、抓住机遇、迎接挑战。

实践证明，"谋事在人，成事在天"的说法是有一定道理的。"谋事在人"，就是要求领导者要积极主动地思考问题、谋划工作；"成事在天"，则是要努力创造条件、争取机遇。只要领导者注重增强工作的预见性、积极主动地思考问题、努力创造条件争取机遇，就一定能够开创事业发展的新局面。

某知名企业成立于20世纪90年代，是一家专注于制造业的高新技术企业。在创始人的领导下，企业凭借创新的产品和卓越的品质，迅速在市场上站稳脚跟，并逐步发展壮大。然而，随着市场竞争的加剧，企业面临的问题也越来越多。创始人意识到，要想让企业持续发展，就必须增强工作预见性，提前应对潜在的风险和挑战。该企业为了增强工作预见性而采取的具体措施如下。

◆关注行业动态——创始人认为，了解行业动态是增强工作预见性的基础。他要求企业的市场部门密切关注行业新闻、政策法规和竞争对手的动态，定期收集和分析行业数据，为企业决策提供有力支持。此外，企业还建立了行业情报分析机制，确保领导者能够及时掌握行业发展的最新趋势。

◆深入研究客户需求——创始人要求必须将客户需求放在首位，注重客户满意度。为了更好地了解客户需求，企业定期开展客户满意度调查，收集客户意见和建议。同时，企业还建立了客户大数据分析平台，通过对客户数据的挖掘和分析,预测客户需求的变化趋势,从而提前做好产品研发和市场布局。

◆加强内部沟通与协作——企业高度重视内部沟通与协作,创始人认为这是提高工作预见性的关键。企业采取了多种措施,如定期召开管理层会议、打通意见征集渠道、开展团队建设活动等,以确保各部门之间的信息畅通,提高决策效率。此外,企业还建立了跨部门协作机制,鼓励各部门在项目合作中相互学习、共同成长。

◆培养员工的前瞻思维——创始人认为,员工的前瞻思维是企业预见性能力的重要组成部分。为此,企业实施了员工培训计划,提高员工对市场变化的敏感度。同时,企业还鼓励员工提出创新性建议,对优秀创新项目给予奖励。通过这些举措,企业培养了一批具备前瞻思维的员工,为企业的预见性决策提供了人才支持。

◆建立风险预警机制——创始人意识到,风险防范是提高工作预见性的重要环节。为此,企业建立了风险预警机制,对市场、财务、法律等方面的潜在风险进行识别、评估和预警。此外,企业还制订了应急预案,确保在面临突发事件时能够迅速作出反应,降低风险对企业的影响。

通过以上措施,该企业在创始人的领导下,成功地提高了工作预见性。在市场环境变化、竞争加剧的情况下,企业能够提前应对潜在风险,把握发展机遇。同时,这种预见性让企业内部的向心力得到增强,员工从领导者每一次正确的选择中提升了工作信心,具备了正确的前瞻性,从而保证了他们每个人都能看到企业的未来,加强了人心的凝聚力,为企业在市场竞争中打下了坚实的发展基础。

企业领导者必须增强工作预见性,才能更好地应对复杂多变的形势和任务,抓住机遇、迎接挑战,推动企业持续健康发展。同时,领导者还需要不断加强自身建设,提高自身素质和能力水平,以更好地履行职责、担当重任、造福职工、奉献社会。

强调进步与改善

企业领导者在推动企业发展的过程中,不仅要关注眼前的业绩和利润,更要具有长远的发展眼光,注重强调进步与改善。因为只有持续的进步与改善,才能让企业在日趋激烈的市场竞争中实现长存永固。

在当今快速变化的市场环境下,企业要想保持持续的发展动力,就必须不断地追求进步与改善。这不仅包括技术创新、产品升级和流程优化等方面,更包括提高员工的工作效率、激发员工的创造力和培养企业的文化氛围。只有通过不断的进步与改善,企业才能在激烈的市场竞争中获得更大的竞争优势。

下面以某国外汽车制造企业为例,探讨企业领导者如何强调进步与改善,以及如何激发员工的工作热情和创造力。

该汽车制造企业成立于20世纪30年代,总部位于欧洲,是一家具有悠久历史和深厚文化底蕴的知名企业。其主要业务为生产和销售汽车及零部件,产品线涵盖乘用车、商用车、新能源汽车等多个领域。近年来,随着全球经济一体化和汽车产业的快速发展,该企业面临着前所未有的竞争压力。问题与挑战如下。

◆ 市场竞争加剧——随着新兴市场和其他国家的汽车制造商的崛起,

该企业的市场份额受到严重侵蚀,尤其是在新能源汽车领域。

◆技术创新不足——在电动汽车、自动驾驶等新兴技术领域,该企业相较于部分竞争对手存在明显的技术短板。

◆薄弱的成本控制——由于规模效应不足和生产效率不高,该企业的成本控制能力相对较弱,导致利润水平下降。

◆企业文化变革——面对外部环境的变化,该企业需要调整企业文化,鼓励创新和变革,以适应新的市场形势。

为了保持领先地位,该企业的领导者采取了一系列措施来强调进步与改善。具体应对策略如下。

◆强化创新意识——领导者高度重视技术创新,加大研发投入力度,致力于新能源汽车技术的研发和应用。例如,企业近年来推出了多款新能源汽车,提升了产品竞争力。

◆优化成本结构——领导者通过改进生产流程、提高生产效率、降低原材料成本等措施,逐步优化成本结构。例如,企业引进了先进的生产设备和技术,提高了生产效率,降低了生产成本。

◆变革企业文化——领导者积极倡导创新、务实、合作的企业文化,鼓励员工勇于尝试新事物,敢于面对挑战。例如,企业定期举办创新大赛,鼓励员工提出创新方案,并对优秀方案给予奖励。

◆拓展市场渠道——领导者积极拓展国内外市场,寻求合作伙伴,提高产品销量。例如,企业与多家国内外企业建立了战略合作关系,共同开发新市场。

通过领导者的积极应对,该公司在市场竞争中逐渐恢复了优势,实现了持续发展。这一案例给其他企业带来了以下启示。

(1)领导者要有远见卓识,及时调整企业战略,应对市场变化。

（2）强化技术创新，提高产品竞争力。

（3）优化成本结构，提高企业盈利能力。

（4）变革企业文化，培养企业的创新精神和提高核心竞争力。

通过以上案例分析可知，强调进步与改善对于企业的发展至关重要。实施正确的措施不仅能提高企业的竞争力和市场份额，还能够激发员工的工作热情和创造力，推动企业持续发展。因此，企业领导者必须注重企业的进步与改善，并将其融入企业的日常管理和运营中，以应对市场竞争和外部环境的变化。通过不断创新、优化成本、变革文化等措施，企业才能实现持续发展，赢得未来的市场竞争。

第十章
心理契约：通过领导品性驾驭人心

心理契约是管理中的隐形力量，它以无形的方式连接着员工与组织，领导品性在其中扮演关键角色。优秀的领导者不仅能洞察人心，更能驾驭人心，驱动员工超越个人目标的同时，实现企业使命。

以身作则：言行一致，为员工树立榜样

领导者是一个企业的灵魂，他们的行为和决策对组织的发展和提振员工的士气有着深远的影响。优秀的领导者不仅要有卓越的决策、指挥和协调能力，还要在言行上保持一致，为员工树立良好的榜样。

企业领导者的权威来自员工的认同和信任，而员工的认同和信任又来自领导者的言行一致。如果领导者说一套做一套，员工就会对领导者产生怀疑和不信任，这样领导者的权威就会受到质疑。因此，领导者要树立权威，就必须做到言行一致，让员工看到一个真实、可信、有担当的领导形象。

企业领导者通过自身的言行向员工传递企业的价值观和文化。一个领导者如果能够以身作则，遵守企业文化的核心价值观，就会引导员工积极践行企业文化，从而形成良好的企业文化氛围。反之，如果领导者言行不一，员工会对企业的价值观产生怀疑，直接影响企业的凝聚力和向心力。

企业领导者通过以身作则能够提升员工的凝聚力和归属感。员工是企业的重要资产，而员工的凝聚力和归属感是企业稳定发展的基石。一个领导者如果能够言行一致，为员工树立榜样，就会让员工感受到企业的温暖和关怀，从而增强员工的凝聚力和归属感。反之，如果领导者言行不一致，员工就会对企业失去信心，导致员工流失，影响企业的稳定发展。

企业领导者以身作则可以激发员工的积极性。一个言行一致的领导者能够赢得员工的信任和尊重，使员工更加愿意跟随领导者的步伐，为实现企业目标而努力。同时，领导者的良好行为也会对员工起到激励作用，促使员工不断提升自己的职业素养和工作效率。反之，如果领导者言行不一，不能以身作则，员工就会失去行为的正确参考，继而丧失工作的积极性。

企业领导者的以身作则有助于提升领导者的影响力。领导者的影响力是指领导者对员工的思想、行为和态度产生的引导和影响作用。一个言行一致的领导者，能够通过自己的实际行动来传递价值观和信念，使员工产生认同和信任，从而提升自己的影响力。反之，一个言行不一致的领导者，其影响力会受到严重削弱，甚至可能产生负面的影响。

企业领导者的形象直接关系到企业的形象，企业形象是企业无形资产的重要组成部分。一个言行一致、具有良好品德和职业素养的领导者，能够为企业树立正面的形象，增强企业的社会影响力。同时，领导者的良好形象也有助于企业在市场中赢得更多的信任和合作机会。反之，一个言行不一致的领导者，则会损害企业的形象，给企业带来负面的影响。

因此，领导者必须做到以身作则，言行一致，不仅是为领导者本身树立权威，更有助于建立良好的企业文化，并提升员工的凝聚力与归属感，也是增强企业影响力和建立良好的企业形象的需要，更是企业实现可持续发展的重要保障。企业领导者言行一致的具体体现主要包括以下几个方面：

（1）坚定信念，明确目标。作为企业的领导者，必须坚定企业的信念和目标，并在实际行动中贯彻执行。只有这样，才能使企业的发展方向得到全体员工的认同，并形成强大的凝聚力和向心力。

（2）严于律己，做好表率。企业领导者要严于律己，以身作则，带头遵守企业的各项规章制度，树立良好的个人形象和工作作风。这样，才能使全体员工自觉遵守企业的规章制度，维护企业的正常秩序。

（3）诚信为本，公正无私。企业领导者要以诚信为本，公正无私，在企业经营管理和各项工作中坚持原则，做到公平、公正、公开。这样，才能赢得员工的信任和尊重，树立企业的良好形象。

（4）积极进取，敢于担当。企业领导者要积极进取，敢于担当，勇于承担责任。在企业面临困难和挑战时，要坚定信心，迎难而上，带领全体员工共同克服困难，实现企业的可持续发展。

（5）关注员工，以人为本。企业领导者要关注员工的需求，以人为本，尊重员工的人格和权益，为员工提供良好的工作环境和职业发展机会。这样，才能激发员工的积极性和创造力，为企业的发展提供源源不断的动力。

（6）持续学习，不断创新。企业领导者要持续学习，不断提高自身的综合素质和领导能力，勇于创新，引领企业不断适应市场变化，保持企业的竞争优势。

总之，企业领导者言行一致的具体体现是多方面的，需要在实际工作中不断地学习和实践，以实现企业的长远发展。

下面以某知名企业为例，分析该企业领导者的言行一致和以身作则的体现。

某知名企业的创始人兼 CEO 始终坚持诚信经营的原则。在企业的成长过程中，他始终秉持诚信为本的信念，不断强化企业的诚信文化。他经常在企业内部会议上强调诚信的重要性，要求员工在工作中始终保持诚信态度；同时还积极参与公益事业，为社会做出贡献。其诚信经营理念不仅赢得了客户的信任和合作机会,也为企业树立了良好的形象和口碑。

在企业遭遇困难时,他始终站在第一线,从不推诿责任,而是带领团队共同解决问题;同时还鼓励员工勇于提出问题和建议,激发团队的创新意识和协作精神。这种勇于担当的精神不仅使企业在危机中保持稳定发展,还增强了员工的归属感和忠诚度。

无论经营困难之时,还是经营平稳之时,他都非常勤奋努力。不仅对自己的工作要求严格,还对团队的工作质量和效率提出高标准。他经常与员工一起加班加点,为企业的目标而努力奋斗;同时还注重员工的成长和发展,为员工提供培训和学习机会。其勤奋努力的精神激发了员工的斗志和创造力,为企业的发展贡献了巨大的力量。

此外,他也非常关注员工的福利待遇和职业发展,经常与员工进行沟通交流,了解员工的需求和困难。他倡导团队合作和互相关爱的企业文化,使员工在工作中感受到温暖和支持。同时,他还关注员工的家庭和生活状况,为员工提供必要的帮助和支持。这种关爱员工的精神使员工感受到企业的温暖和归属感,提高了员工的忠诚度和工作积极性。

他以身作则的行为取得了显著成果,企业业绩不断攀升,市场份额持续扩大,品牌形象得到提升,员工的满意度和忠诚度也大幅提高。企业内部的团队凝聚力强、创新氛围浓厚、工作效率高、职业发展机会多,整体呈现出健康发展的态势。

由此可见,企业领导者以身作则对于企业的发展至关重要。为了更好地发挥领导者的榜样作用,企业还要做好其他方面的支持(见图10-1)。

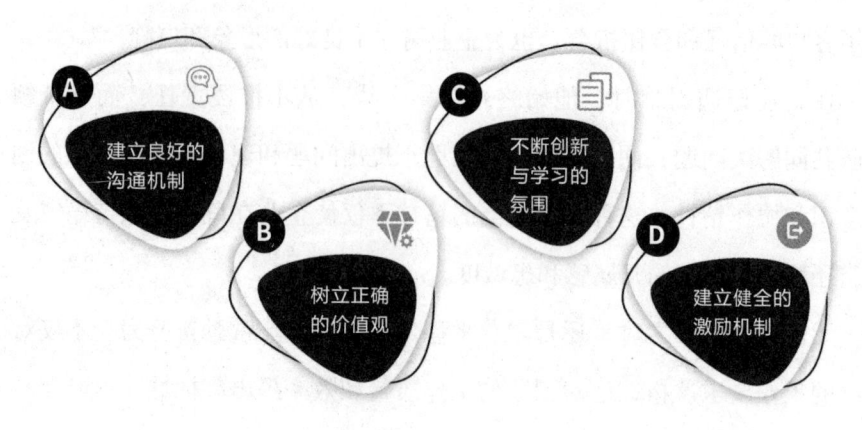

- A 建立良好的沟通机制
- B 树立正确的价值观
- C 不断创新与学习的氛围
- D 建立健全的激励机制

图10-1 企业领导者以身作则的其他支持条件

总结一下，企业领导者以身作则是一项长期而艰巨的任务。但为了更好地发挥领导者的榜样作用，企业领导者必须不断提高自身的品行道德和职业素养、建立良好的沟通机制、树立正确的价值观、不断创新和学习以及建立健全的激励机制。只有这样，企业才能实现持续发展，才能在参与激烈的市场竞争中不会被击败。

鼓励支持：给予支持，提供意见及资源

管理的核心目标之一就是激发和保持团队成员的积极性和创造力，使他们能够充分发挥自己的潜力，共同努力实现组织的目标。在这个过程中，鼓励支持作为一种有效的管理手段，起着至关重要的作用。因此，作为企业领导者，必须深刻知道鼓励和支持对于员工的重要性。

支持一般包含三个方面，具体内容如下。

（1）精神支持。作为企业领导者，要关心员工的身心健康，关注他们的情感需求。在员工遇到困难和挫折时，要及时给予关爱和安慰，帮助他们树立信心，克服困难。此外，还要注重营造一个团结协作、相互关爱的企业内部氛围，让每名员工都感受到来自集体的温暖和力量。

（2）工作支持。在工作过程中，企业领导者要信任员工，给予有才能的人足够的自主权，让他们在自己的岗位上充分发挥才能。同时，要确保员工在遇到困难时，能够得到及时的帮助，为他们提供必要的资源和条件，让他们能够高效地完成工作任务。

（3）成长支持。企业领导者要关注员工的个人成长，为他们提供学习和发展机会。包括定期组织培训、讲座等活动，提高员工的专业技能和综合素质；鼓励员工参加各类考试、竞赛等，提升个人能力；为员工的职业发展提供指导和建议，帮助他们实现职业目标。

当员工感到受到重视和支持时，他们更有可能发挥自己的潜能，为企业的发展做出更大的贡献。当然，上述三项支持我们是以企业最高领导者的角度阐述的，但并不代表这些工作必须由企业一把手去做，而是要阐述一个道理，即企业必须给员工足够的、正确的、及时的支持。这些支持工作，当企业壮大后，就会下放至各职能部门或项目团队来具体实施，实施者是各部门和团队的管理者。

通常企业领导者直接或间接地可以给予员工的支持包括：倾听员工的想法和建议、提供必要的资源和培训、认可和奖励员工的努力和成绩、关心员工的工作和生活状况、创造一个开放和支持性的工作环境。下面就将向员工提供意见及资源分开讨论，以便能更清楚地呈现，也能让大家更好地理解。

1. 提供意见

（1）倾听意见。领导者要善于倾听员工的意见和建议，让员工参与到管理决策中来。这样既能提高决策的民主性和科学性，还能激发员工的积极性与创造力。同时，要确保员工的意见得到充分的尊重和重视，对合理的建议要给予采纳和表扬。

（2）反馈意见。在员工完成任务后，领导者要及时给予反馈，肯定他们的成绩，指出不足之处，并提供改进意见。有助于员工了解自己的工作表现，找到提升的方向，不断提高工作水平。同时，领导者要关注员工在执行过程中的困难和问题，为他们提供必要的支持和帮助。

（3）鼓励创新。领导者要鼓励团队成员勇于创新，提出新思路、新方法，为企业发展注入活力。对于员工的创新尝试，要给予充分的支持和鼓励，即使失败也要宽容对待，允许改错让员工从中吸取教训，不断积累经验。

2. 提供资源

（1）人力资源。领导者要合理配置人力资源，将合适的员工安排在合适的岗位上，充分发挥他们的特长。同时，要注重团队建设，培养成员之间的默契和协作精神，提高团队的整体战斗力。

（2）物力资源。领导者要确保员工在开展工作时有足够的物质保障，提供必要的办公设备、器材等。同时，要关注员工的生活需求，为员工解决实际问题，创造良好的工作环境。

（3）信息资源。领导者要注重信息资源的收集和分享，及时向员工传递重要信息和政策动态，帮助员工了解行业趋势，提高工作针对性。同时，要建立健全信息反馈机制，确保员工在遇到问题时能够及时得到解答和指导。

总之，鼓励与支持作为一种有效的管理手段，对于提高凝聚力和执行力具有重要意义。在实际工作中，管理者还要根据具体情况灵活运用各种管理方法，不断探索和总结经验，提高管理水平。

某互联网公司意识到鼓励和支持员工的重要性，采取了一系列措施来提高员工的工作积极性和创造力。以下是该公司的一些实践经验。

◆设立员工建议箱——公司设立一个建议箱，鼓励员工提出自己的想法和建议。公司定期查看这些建议，并给予反馈和奖励。这一措施激发了员工的积极性和创造力，为公司带来了许多有益的创新。

◆提供丰富的培训资源——公司为员工提供了各种培训资源，包括在线课程、内部培训、外部培训等。这些培训资源涵盖了技术、管理、沟通等多个领域，帮助员工不断提升自己的技能和能力。

◆设立激励机制——为了认可和奖励员工的努力和成就，公司设立了一系列的激励机制。例如，定期评选优秀员工、设置项目奖金、提供晋升机会等。这些激励措施激发了员工的工作热情和创造力，同时也提升了公司的整体业绩。

◆关心员工福利——公司关注员工的福利和健康状况，提供了全面的健康保险、定期组织体检和健康讲座等服务。此外，公司还为员工提供了丰厚的福利，如年终奖、员工旅游、节日福利等。这些福利措施提高了员工的满意度和生活质量，增强了员工的忠诚度。

◆营造开放和支持性的工作环境——该公司鼓励员工之间的交流与合作，建立了多个兴趣小组和社团组织。此外，公司还定期举办团队建设活动、座谈会等，促进员工之间的互动与合作。通过营造一个开放和支持性的工作环境，激发了员工和团队的合作精神。

通过以上措施的实施，该互联网公司成功地鼓励和支持了员工的发展，提高了整体业绩和市场竞争力。这些实践经验值得其他企业学习和借鉴。

鼓励和支持是企业管理中的重要一环，不仅可以帮助员工提高工作效率，还可以增强员工的归属感和忠诚度，更可以吸引和留住优秀人才，提高整体业绩和市场竞争力。因此，企业领导者应该重视鼓励和支持的作用，采取有效的措施激励员工发挥自己的潜能，推动企业的发展和进步。

责任担当：从下属的错误中找到自己的责任

作为企业领导者，领导能力、决策能力和责任担当是衡量其工作质量的重要指标。在实际工作中，领导者往往重视领导力和决策力，却容易忽视责任担当。然而，责任担当是领导者必备的品质，它关系到企业的凝聚力和发展力。

在企业的日常运营中，领导者常常会面临下属犯错的情况。这时，作为领导者应该如何应对，如何从错误中找到自己的责任，并采取有效的措施来解决问题和避免类似错误的再次发生呢？

责任担当是指在工作中，领导者面对下属的错误时，能够主动承担领导责任，认识到自己在管理过程中的不足，并积极寻求改进措施。责任担当体现了领导者对团队的关爱和对工作的敬业精神，是构建和谐团队、提高组织绩效的关键。

因此，作为领导者，必须明确一个观念：下属的错误就是自己的错误。当下属在工作过程中出现失误或疏漏时，领导者应当从自身角度出发，审视自己在管理、指导和监督方面的责任。这不仅是对企业整体利益的负责，也是对下属个人成长的关心和负责。具体做法包括如下三个核心原则：

（1）下属犯错时的责任担当。当下属犯错时，领导者首先应保持冷静，客观分析错误原因。在此基础上，领导者要勇于承担领导责任，因为下属的错误往往与领导者的领导方式、管理策略和培训指导有关。领导者要善于从下属的错误中找到自己的责任，这样才能更好地指导下属，提高团队整体素质。

（2）主动承担风险和压力。领导者要主动承担风险和压力，为下属树立榜样。在面对困难时，领导者要勇于站在第一线，与下属共同面对挑战。这种担当精神不仅能激发下属的工作积极性，还能提高团队的凝聚力。

（3）积极反思和调整管理策略。领导者要时刻反思自己的管理策略，是否存在不足之处。当发现下属犯错时，要勇于承认自己的责任，并调整管理策略。通过不断的反思和调整，领导者能够不断地提高自己的领导能力，为团队创造更好的工作环境。

责任担当能增强领导者与下属之间的信任，使企业内部形成紧密的合作关系。责任担当是积极向上的企业文化的重要组成部分，领导者勇于承担责任，能够激发下属的担当精神，使整个企业形成积极进取、团结协作的良好氛围。

领导者在面对下属出现错误时应承担的责任和应有的态度。这不仅包括对具体错误的深入了解、改进措施的制定和团队士气的建设，还包括与下属的沟通、关注个人成长等方面（见图10-2）。只有这样，才能真正实现从错误中学习、成长和进步，从而推动企业的持续发展。

增强自我认知	加强沟通与协作	学习先进的管理理念和方法
领导者要不断提高自我认知，了解自己的优点和不足。通过自我反思，主动承担责任，提升责任担当能力	领导者要善于与下属沟通，了解下属的需求和困难。通过加强沟通与协作，形成良好的团队氛围，提高责任担当能力	领导者要不断学习先进的管理理念和方法，提高自己的领导能力，以便更好地指导下属，实现责任担当

图10-2　领导者提升责任担当能力的核心要素

总之，责任担当是领导者不可或缺的品质。在面对下属的错误时，领导者要勇于承担责任，从下属的错误中找到自己的不足，并积极寻求改进。通过不断提升责任担当能力，领导者能够为企业创造更好的工作环境。

最后还需要强调，责任担当并不是将所有错误揽到自己身上，而是在承认错误的基础上，积极采取措施来解决问题、改进工作，最终目的是交出结果，这样的领导态度不仅有助于企业的稳定发展，还能够增强团队的凝聚力和向心力，共同创造更加美好的未来。

对上级的心要积极"赢取"

管理不只是向下管理，还有向上管理。向下管理是管理者对下属的管理，而向上管理则是下属对上级的"管理"。如何进行有效的向上管理，是每个职场人士都应该了解和掌握的技能。

在企业中，上级通常掌握着更多的资源和决策权，对下属的职业发展和工作成效产生重要影响。通过积极赢取上级的心，下属可以更好地与上级建立良好的工作关系，获得更多的支持和信任，从而提高工作效率和工作质量，实现个人和组织的共同目标。

首先，积极赢取上级的心有助于建立良好的工作关系。在工作中，下属如果能够主动沟通、积极解决问题、承担责任并为上级分担工作，便能展现出自己的职业素养和工作能力，从而获得上级的认可和赞赏。这样有助于建立起良好的工作关系，让上级更加信任和支持下属的工作。

其次，积极赢取上级的心有助于提高工作效率和工作质量。当下属与上级建立起良好的工作关系后，上级会更愿意为下属提供指导和支持，帮助下属更好地完成工作任务。同时，下属也能够更好地理解上级的期望和要求，从而更好地规划工作，提高工作效率和工作质量。

最后，积极赢取上级的心有助于实现个人和组织的共同目标。在职场中，个人和团队、企业的利益通常是一致的。通过与上级建立良好的工作关系，下属能够更好地了解企业的战略规划和未来的发展方向，从而更好地调整自己的工作方向和职业规划，实现个人和企业的共同目标。

具体要如何"赢取"上级的心呢？在具体操作中有很多种方式，我们不能一一阐述。但有几项原则是必须遵守的，否则就难以达到预期效果。

原则1：了解上级

要进行有效的向上管理，首先需要对上级进行深入的了解。包括了解上级的价值观、工作风格、性格特点以及期望等。通过对上级的了解，可以更好地预测他们的反应和期望，从而更好地满足他们的需求。

在一家软件开发公司中，A是一位项目经理，上级是B经理。B经理是一个非常注重细节和执行力的人。A通过与B经理的交流和观察，了解到B经理对项目的期望和要求，以及他的工作风格和性格特点。在获得这些信息后，A开始根据B经理的期望规划和执行项目，使得项目进展顺利，得到了公司的表扬。

原则2：积极沟通

在向上管理中，沟通是非常重要的一环。下属需要主动与上级进行沟通，及时反馈工作进展情况，提出问题并寻求解决方案。同时，下属还需要掌握一些沟通技巧，如言简意赅、突出重点等，以提高沟通效率。

在某电商公司的运营部门中，C是负责推广的职员，上级是D经理。C发现，每当他在工作中遇到问题时，如果及时与D经理沟通并寻求解决方案，D经理总是很快地为他提供帮助和支持。相反地，如果他什么都不说，D经理会因为他没有及时反馈而对他产生不满。因此，C开始主动与D经理沟通，及时反馈问题并寻求解决方案，这使得他的工作进展顺利，也得到了D经理的认可和赞赏。

原则3：承担责任

在向上管理中，下属需要承担起自己的责任，不推卸责任，不抱怨。当工作出现问题时，下属应该主动承认自己的责任，并提出解决方案。同时，下属还应该积极地为上级分担工作，提高整个团队的工作效率。

在一家广告公司的设计部门中，E是负责平面设计的职员，上级是F经理。有一次，由于E的疏忽，导致一个重要客户的广告设计方案出现了错误。E没有推卸责任或是抱怨，而是主动承认了自己的错误并向客户道歉。同时，E还根据客户的反馈重新设计了方案，并在规定时间内提交给了客户。E的负责态度让F经理非常认可，对他的印象也更加深刻了。

原则4：不越权

在向上管理中，还要注意的一点是不越权。下属应该明确自己的职责范围和工作权限，不要超越自己的职责范围去干涉或决策上级的工作。否则，不仅会影响工作效率和工作质量，还可能引起上级的不满或反感。

在一家医院的护理部门中，G是一名护士，上级是H护士长。有一次，H护士长安排了一项重要的任务给G，但G认为这个任务不应该由她来完成，而是应该由另一名护士来完成。于是，G直接向H护士长提出了这个问题，结果导致H护士长很不满意她的态度和行为。在这个案例中，G越权干涉了上级的工作安排，这是向上管理中需要避免的行为。

原则5：持续学习与进步

在向上管理中，下属还需要持续地学习和进步。通过不断学习和提升自己的能力，可以更好地完成工作任务，提高工作效率和质量。同时，下属还应该关注行业动态和企业发展情况，了解企业未来的发展方向和战略规划，以便更好地配合企业的发展需求。

在一家科技公司的研发部门中，F是一名软件工程师，上级是J总监。

F非常注重学习和提升自己的能力，经常参加各种技术培训和学习活动，关注行业最新技术和趋势。同时，F还经常与J总监交流和探讨技术问题和工作方向。由于F的持续学习和进步，他的技术水平和职业素养得到了很大的提升。J总监也经常在团队中表扬F的学习态度和能力。这些优异的表现为F提供了更多的发展机会和晋升空间。

向上管理对每个职场人士而言都是非常重要的技能。通过了解上级、积极沟通、承担责任、不越权、持续学习与进步等措施，可以有效地赢取上级的心，提高工作效率和工作质量，获得更好的机会，在实现个人价值和职业发展目标的同时，为企业的发展做出更大的贡献。

对平级的心要善意"经营"

一家企业就如同一个大家庭，而企业的横向管理者便是家庭中的中层管理者。中层管理者既是执行者，又是领导者，他们在企业中起着承上启下的作用，对上要完成领导指派的任务，对下要组织并调动基层员工开展工作，是信息的传递者及组织内外部的协调者。然而，在实际工作中，横向管理不仅常因被忽视而成为管理中的瓶颈，还直接影响企业整体的工作进程。

企业中横向关系紧张主要表现在以下几个方面。

（1）职责不清，权责不匹配。当一项工作涉及多个部门时，它很容易引起部门间的争夺或推诿。每个人都希望少做工作，多得利益，这时就容易出现互相扯皮、推诿现象。

（2）信息不畅，沟通障碍。在企业中，如果信息传递的路径过长或环节繁杂，就会造成信息在传递过程中失真或延误，导致横向沟通难以进行或无法进行。

（3）价值观差异。由于每个人的成长背景、教育经历等的不同，从而形成了各自独有的价值观和行为习惯，这些差异在工作中就可能导致工作难以协调和配合。

下面通过一个详细的案例，探讨横向管理为什么常陷入困境，以及如何通过善意"经营"平级关系打通横向管理。

某大型企业中有若干个重要部门，其中包括研发部门 α 和销售部门 β，它们在业务上有着密切的关联。由于两个部门之间缺乏有效的横向管理，导致协作出现了困境。

研发部门 α 在完成产品研发后，未能及时将更新后的产品信息及时传递给销售部门 β，使得销售部门无法适时地开展销售工作。而销售部门 β 在面临客户投诉时，也未能及时将问题反馈给研发部门 α，导致产品问题始终无法得到及时解决。因此，企业的整体运营效率受到了严重影响。

为了解决这一问题，该企业决定加强横向管理，特别是平级之间的沟通与合作。具体措施如下。

◆建立定期沟通机制——企业制定了定期的跨部门沟通会议，要求研发部门 α 和销售部门 β 的领导及关键团队核心成员参加。会议的目的是分享信息、讨论问题并寻求解决方案。

◆制定协作流程——企业明确了研发部门 α 和销售部门 β 之间的协作流程，包括产品研发完成后的信息传递、销售过程中的问题反馈等，使得两个部门之间的协作更加顺畅。

◆培养跨部门团队精神——企业鼓励研发部门α和销售部门β的员工进行跨部门合作，共同完成项目任务。通过共同解决问题，员工们建立了良好的关系，增进了彼此之间的信任。

◆建立激励机制——企业对表现出色、积极协作的部门和个人给予奖励，以此激励全体员工更加重视横向管理，积极参与跨部门协作。

经过一段时间的实践，该企业的研发部门α和销售部门β之间的协作得到了显著改善。产品研发和销售之间的工作衔接得更加紧密，问题得到了及时解决，使得企业的整体运营效率得到提升，客户满意度也不断提高，同时还增强了员工之间的凝聚力和向心力。

从上述案例中可以得出哪些启示呢？即需要采取哪些具体措施才能促进企业横向管理的有效实施？在此我们给出如下一些建议。

（1）明确部门职责与分工。通过制定详细的岗位说明书和部门职能划分表，让每个部门都清楚自己的职责权限，知道自己应该承担什么责任，同时避免交叉、重叠或模糊不清的情况发生。只有各部门各司其职、各负其责，才能有效减少扯皮、推诿现象的发生。

（2）建立常态化沟通机制。有效沟通可以促进各部门之间的信息交流与合作，一些注意事项有：①建立简洁、高效的信息传递流程，减少信息传递环节和时间，确保信息的准确性和及时性。②采用多种沟通方式，如会议、文件、电子邮件等，以便更好地进行信息传递和交流。③注重沟通的双向性，鼓励员工提出自己的意见和建议，及时反馈工作中遇到的问题。

（3）运用"目标一致、责任独立"原则。每个部门的工作目标应与整体目标相一致，而责任则要独立承担。这一原则可以有效地解决工作中出现的权、责、利不清晰的问题。通过明确每个部门的工作目标和责任范围，让每个部门都清楚自己的任务和要求，从而更好地协调和配合其他部门的工作。同时，企业还要建立完善的监督考核机制，对各部门的业绩进行评价和激励，确保目标的有效实现。

（4）树立正确的价值观。企业中的不同部门、不同岗位有着不同的工作职责和要求，因此形成各自独立的价值观和行为习惯是不可避免的。但是，如果这些价值观存在冲突或矛盾，就会影响企业的整体运作效率。因此，企业应该注重培养员工正确的价值观和行为习惯，促进各部门之间的文化融合与交流。同时，还要注重员工的培训和教育，提高员工的综合素质和职业素养，让他们更好地适应企业文化和工作环境。只有这样，才能让员工更好地融入企业大家庭中，为企业的发展贡献自己的力量。

（5）善用横向管理的艺术。横向管理需要掌握一定的艺术和方法，包括：①要有宽广的胸怀和视野，善于与同事建立良好的人际关系。②善于协调各方利益和矛盾点，通过平衡各方面的利益关系，化解矛盾纠纷。③善于利用各种资源，通过整合资源实现协同效应最大化。④制定明确的协作流程，明确平级之间的协作流程，包括信息传递、问题反馈等，使得协作更加顺畅。⑤培养跨部门团队精神，鼓励平级之间的员工进行跨部门合作，共同解决问题，建立良好的关系，增进信任。

横向管理对于企业的运营和发展具有重要意义。通过善意地"经营"平级关系，建立起良好的沟通机制、协作流程和激励机制，从而有效提升横向管理效果，促进企业整体运营效率的提升。在企业管理中，领导者必须重视横向管理，努力营造一个协同、高效的工作氛围。

对下级的心要求实"平等"

随着现代企业管理理念的深入人心，领导者越来越意识到"向下管理"的重要性。在日常工作中，领导者与下级之间的关系直接影响到企业的效率和凝聚力。其中，平等对待下级是实现有效向下管理的基础，因为它涉及员工的工作积极性和归属感。

涉及管理者对下属进行领导、指导、激励和沟通，以确保下属能够有效地完成任务并实现组织目标。

当员工感受到自己与上级之间是平等的，他们的自尊心和自信心会得到提升，从而更愿意投入工作，发挥自己的创造力和潜能。在平等的氛围中，员工感受到被尊重和信任，有助于激发他们的工作热情和积极性。

平等对待下级有助于营造和谐的工作氛围，减少内部矛盾和摩擦。在拥有平等氛围的企业中，员工之间的关系更为融洽，彼此之间的合作更为顺畅，可以提高企业的凝聚力和战斗力。

平等对待下级可以促进信息的畅通无阻。当员工不再担忧因言获罚或受到不公平待遇时，他们更愿意提出自己的意见和建议，为领导者提供有价值的信息，促使领导者做出更为明智的决策。

当我们明白了平等对待下级的意义后，具体应该实施怎样的措施将平等的理念贯彻到实际呢？在此给出如下措施供大家参考。

（1）尊重个体差异。每个人都有自己独特的性格、能力和背景，领导者要认识到员工之间的差异，尊重他们的个性特点。在管理过程中，要根据员工的特点进行有针对性的指导和激励，充分发挥他们的长处，弥补他们的不足。

（2）保持开放心态。领导者应保持开放的心态，接纳不同观点和建议，平静地面对冒犯你的员工，在与员工交流时，认真倾听他们的意见，给予积极反馈；同时，要鼓励员工勇于尝试和创新，为企业的发展贡献自己的智慧。

（3）公正评价员工表现。公正评价员工表现是实现平等对待下级的关键。领导者要根据员工的实际工作表现、能力和潜力来评价他们，而不是依据个人喜好、偏见或关系亲疏。在评价过程中，要确保评价标准的公正性和透明度，让员工清楚了解评价标准并为之努力。同时，评价结果要与员工的晋升、薪酬等密切相关，以激发员工的积极性和进取心。

（4）提供平等的发展机会。为员工提供平等的发展机会是实现平等对待下级的必要条件。领导者要关注员工的职业成长，为他们提供必要的培训和学习机会。此外，要确保企业内部岗位流动的公平性，让员工有更多的机会展现自己的才华和能力。通过提供平等的发展机会，企业可以吸引和留住更多优秀的人才。

在实践中，向下管理往往面临着诸多挑战，其中最关键的挑战便是如何实现与下属的平等沟通，即实现在心灵上的平等。下面通过一个企业案例探讨向下管理中实现与下属平等沟通的重要性，以及如何克服相关挑战，提升管理效果。

某大型国有企业在进行改革调整后，新上任的总经理意识到，要提升企业的竞争力，必须加强团队建设，提高员工的积极性和创造力。为此，他提出了一系列改革措施，包括鼓励员工参与决策、建立激励机制等。

然而，在实施过程中，总经理发现了一个严重的问题：由于长期的官僚作风，员工对管理层缺乏信任，沟通渠道不畅通，导致改革措施无法得到有效执行。为了解决这一问题，总经理意识到，必须与员工建立平等的沟通关系，让员工感受到管理层对他们的尊重和关心。只有这样，员工才愿意敞开心扉，与管理层分享自己的想法和意见，从而提高沟通效果。

要实现与下属的平等沟通，管理层需要放下身段，真诚地对待下属，倾听他们的声音。然而，在实际操作中，这一目标并不容易实现。一方面，管理层可能存在权威主义思想，习惯于命令和控制下属，而不是与他们平等交流；另一方面，下属也存在害怕表达意见的心理，担心受到惩罚或排斥。为了解决这一问题，总经理决定从向下管理入手，尝试与员工建立平等的沟通关系。具体措施如下。

◆建立开放的沟通环境——总经理鼓励员工在任何时候都可以直接向他提出意见和建议，无论是工作中还是生活中遇到的问题。他承诺会认真倾听，并及时给予反馈。

◆实行民主决策——在重要事项决策过程中，总经理要求所有参与者充分表达自己的观点。他尽量采用共识的方式做出决策，以提高员工的参与感和认同感。

◆提供培训和支持——为了帮助员工提升能力和信心，总经理安排了针对性的培训课程，并鼓励员工参加。同时，他还要求管理层加强对员工的指导和支持，帮助他们克服工作中的困难。

◆建立激励机制——总经理制定了一套公平的激励机制，根据员工的工作表现和贡献，给予相应的奖励。这使得员工更加有动力积极参与工作，与企业共同成长。

该案例给了我们很多启示,该企业建立起良好的工作氛围和管理机制,激发了员工的积极性和创造力,增强了企业的整体凝聚力和战斗力(见图10-3)。同时,企业应不断优化和完善内部管理体制,以确保向下管理的有效性和持久性。

A 向下管理中,实现在心灵上的平等至关重要

B 管理层必须放下身段,真诚地对待下属,倾听他们的声音

C 企业应建立开放的沟通环境,实行民主决策

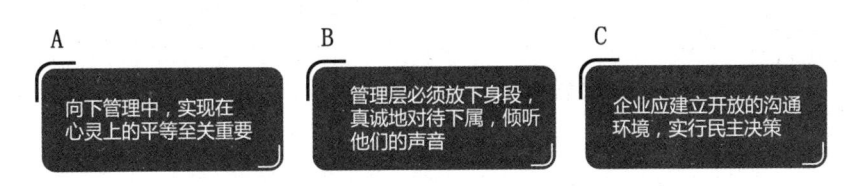

图10-3 向下管理措施的启示

向下管理中实现与下属的平等沟通是提升企业管理效果的关键。只有在管理者与下级员工之间建立起互相信任、尊重和合作的关系时,企业才能实现卓越的业绩和发展。